中国风俗图志

刘晓峰
李北山　总主编

石家庄卷

卞家华　绘　梁勇　著

为民族风俗的传续留念
为中华文化的复兴存根

泰山出版社·济南·

出版说明

随着当代中国工业化和城市化进程的加快，人们的生活方式快速变迁，乡风民俗正迅速发生变异甚至消亡。对各地的乡风民俗的抢救性记录，成为当务之急。

乡风民俗作为人们生产生活过程中所形成的一种文化现象，因其非物质性，甚至非口头性，只能以文本、影像等形式加以记录保存，但都有其局限性。因此，泰山出版社另辟蹊径，以“图绘+文献”的形式整理、记录、保存中国各地的乡风民俗。

在中国，风俗画有着悠久的历史，是劳动人民热爱生活、记录生活而进行的艺术上的创造。从石器时代的岩画到汉代的画像砖，都以图绘的形式记录了人们的日常生活。到唐宋时期，风俗画的制作已蔚然成风，如北宋张择端的《清明上河图》、南宋李嵩的《货郎图》，不仅形象生动地展示了当时的风俗人情、衣冠服制等，还让画作本身成为艺术珍品。当代风俗画在传统风俗画的基础上，将中国画艺术和民俗主题进一步融合，其作品形式直观、鲜活，充满了艺术的魅力和民间的气息，以特有的艺术形式为我们呈现了正在加速消亡的乡风民俗。

泰山出版社历时四年推出《中国风俗图志》系列丛书，以图绘形式尽可能系统地整理、记录、保存中国各地的风俗，与文字记录、研究形成互补和互释，以“左图右史”的形式加以呈现。二者相辅相成，不仅描述“民俗是什么”，更探究“民俗为什么”；既希望让读者能够记住乡愁，也力图为中国的民俗学研究提供另一种文本。此次推出的《中国风俗图志》系列第一辑共11卷，分别为：“北京卷”“武汉卷”“关中卷”“杭州卷”“苏州卷”“常州卷”“石家庄卷”“吉林卷”“中山卷”“川西卷”及“鲁西南卷”。本卷为“石家庄卷”，由下家华先生绘图，梁勇教授撰稿。

为民族风俗的传续留念！为中华文化的复兴存根！这就是《中国风俗图志》这套大型丛书的目的。

总序

风俗和图画，是我们每个人从小就熟悉的两件事物。

以风俗说，人以群居，则事有相沿，浸浸自然成俗。习俗积久，其数必夥，自有聪明之士，兰心蕙目，笔墨志之。是故汉有风俗之书，梁有荆楚之记。以图画说，巧拙不论，凡人从小到大，皆有笔画彩涂的经历。而人最喜欢摹画者，当然是身边诸物，是自己觉得最有意思的生活细节。所以风俗入画，在中国早见于岩画、画像石与壁画之中。今天博物馆留存的中国历代画作，如《清明上河图》这样专以风俗为题材的亦多有。进一步说到文字与图的结合，同样历史久远。流传至今的《山海经》，就是为已经遗失的《山海图》写下的注释文字。而以图插于书中，则更为中西书肆业者共同热心做的事情。因为图文有相互参映之效，所以鲁迅称赞之“不但有趣，且亦有益”。但举目书林，像本套书这样大规模将图画与笔墨并举而为地方风俗图志者，可谓前所未有。《中国风俗图志》将艺术之美与文字之美紧密地结合在一起，擎优美文字介绍一地之风俗，嵌艺术彩墨展示一方之风化，诚可谓具有极高艺术价值，展示深湛审美意蕴，足以令人耳目一新。

总序

风俗就是我们的生活。每一个人从出生那一天起，就身处于某一地风俗之中，并不知不觉被此地风俗浸染，美之乐之。但是，我们所在的，是一个充满变化的世界。改革开放四十多年，中国的变化天翻地覆。一方面，是城市的巨变。北京，如大饼般一环一环摊开，成为拥有七环的巨大首都；深圳，由南方一个小小渔村变身成千万人生活的现代化城市；在我们注意不到的地方，都市在扩展，以亿万计的人口在涌进城市。另一方面，是农村的巨变。在我们不知不觉间，已经有很多个拥有几百年历史的村庄从这个世界消失。而依旧存在的村庄，也都已经不是旧日的面貌。

1924年，有一位名叫青木正儿的日本学者来到中国。时当中华民国成立刚十几年，社会上新文化运动狂飙突进，正是传统中国社会风俗日渐磨灭的年代。这位研究中国古代戏曲小说的学者走遍中国大江南北，像中国老百姓一样赶早市、逛戏园、进茶馆，漫步北京大小胡同，他发现中国依旧保留有许多古老的风俗。有感于中国社会变化之迅速，他列纲目，选对象，请画师，想为后世留下一部《中国风俗志》，可惜后来由于财力不足，只请中国画师刘延年画下了一百余幅描绘北京风俗的彩图。后有内田道夫教授博采众书，为这些图做了解说，这就是日本平凡社出版的《北京民俗图谱》。二十世纪六十年代老舍睹图，惊叹书中所画许多风俗已不可见。今天的中国，依然行驶在一条迅疾发展的高速路上，城市的扩张、生活空间的巨变，使许多旧日风俗变化甚至消失得无处追寻。风俗承载着我们成长的记忆，但遗憾的是，这些记忆在一天天地消失。时移世迁，令人无限叹惋。有幸的是，我们生活中，有这样一群学者，他们坚持着一笔一画地记录下了故乡点点滴滴的风俗；有这样一群画家，他们用画笔追寻乡土记忆，留下精彩纷呈的风俗图画；更有泰山出版社这样的“及时雨”，把这两群人的力量汇聚到一起。群贤毕力，就是为给亲爱的读者们呈现这套《中国风俗图志》。

神州赤县，江山代有奇文出；彩墨华章，且留胜迹待追寻。相信假以数年，《中国风俗图志》中所记所画，一定会成为留给未来的宝贵精神文化财富。

是为序。

刘晓峰
中国民俗学会副会长
清华大学人文学院历史系教授
2019年12月12日 清华园

目录

图录

图录

黎明即起洒扫庭除

第一章　风俗的地缘背景

石家庄是中国唯一用小村庄命名的省会城市，也是除海口市之外全国最年轻的省会城市。石家庄从正定府获鹿县的一个小村肇兴，伴随1907年京汉铁路和正太铁路的交汇而走上城镇化道路；1925年，直隶省试行“市自治制”，石家庄与休门、栗村合并，称“石门市”；1947年12月26日石门市更名为石家庄市；1968年成为河北省省会。

这是一座充满传奇的省会，一座与历史文化名城正定共同发展的城市。

风俗，是一个民族或一定地区内民众在长期生产、生活中形成并沿袭的风尚、礼节、习惯等的总和，是民众集体创造、传承的群体行为，是一种历史积淀的文化现象。从古老的祭祀礼仪，到婚丧嫁娶；从庆典迎宾，到时令节俗；从修房盖屋，到居家出行；从亲友相会，到休闲旅游；从远古文明肇兴，到现代人的生活，都与风俗密切相关。列宁在《论国家》中指出：“在国家产生之前，人与人之间的行为是靠习惯来约束的。”风俗就是产生于国家之前的一种习惯，并且在国家产生之后，一直不断发展和演化。

风俗随着历史发展而不断演变，其内容包括物质民俗（如建筑形式、服饰、饮食、生产、交通等）、社会民俗（如家庭形式、婚丧习俗、节日风俗、人生礼仪、民间艺术、地方戏剧等）、民俗心理（如信仰、宗教、禁忌等）。它是社会政治、经济、人文精神和宗教信仰、道德观念的反映和折射。因此，许多风俗带有各个时代的历史烙印，具有两重性。既有引导民众积极向上、尊老爱幼，约束人们遵守公共道德的先进性；同时也包含了一些封建迷信的糟粕。

风俗虽然具有继承性，但更具有发展性和演变性。某一时代的风俗是历史传承与时代背景结合的产物。尤其是历史上大规模的人口迁徙和民族融合，必然导致民风的重大变易。

石家庄的风俗，既有各个历史时期传承下来的古风古韵，也有历代移民迁入融合而成的风俗习惯。近代铁路兴起后，石家庄成为一座移民城市、一座风俗多元化的城市。在新中国几次大的工业发展高潮中，这座城市建设了许多大规模的社区，来自天津、唐山、保定的成建制产业的移民纷纷入住，使这座城市形成了多样的风俗，也使这座城市具有独特的文化魅力。

天下太平

石家庄市西跨太行山，东部是华北平原，辖8区13县（市），即长安区、桥西区、新华区、裕华区、井陉矿区、藁城区、鹿泉区、栾城区、井陉县、正定县、行唐县、灵寿县、高邑县、深泽县、赞皇县、无极县、平山县、元氏县、赵县、晋州市、新乐市。拥有2个国家级开发区，即石家庄国家高新技术产业开发区（1991年3月经国务院批准设立）、石家庄经济技术开发区（1992年7月经河北省人民政府批准设立，2012年10月经国务院批准升级为国家级开发区，由藁城区管辖，曾称藁城经济开发区）。截至2017年年末，全市共有乡84个、镇121个、街道办事处56个、居委会642个、行政村4010个。①

石家庄市域之内，古代的大沙河、滹沱河、洨河、泜水在山前构成水网密布的水系，也造就了横穿太行山的太行八陉之一的井陉，山岳间盆地、谷地、洞穴分布，平原区水丰土沃，适宜人类定居繁衍。历史上多民族的文化融合，留下了丰富多彩的民风民俗。近代以来，来自五湖四海的移民，为石家庄的城市发展做出了重要的贡献，也成就了这座城市多元的民风民俗。

第一节　地理

石家庄为河北省省会，是全省政治、经济、科技、金融、文化和信息中心，是经国务院批准实行沿海开放政策和金融对外开放的城市。地处河北省中南部，环渤海湾经济区。石家庄市在首都北京西南方向，距北京283千米。位于北纬37° 27′ ~38° 47′，东经113° 30′ ~115° 20′之间，东与衡水市接壤，南与邢台市毗连，西与山西省阳泉市为邻，北与保定市交界。南北最长处148.018千米，东西最宽处175.383千米。辖区总面积14888平方千米，其中市区面积2240平方千米。

木头人

一、地貌

石家庄市地势西高东低，地貌类型复杂，由西向东地貌类型依次为中山、低山、丘陵、盆地、平原，是少有的拥有山岳、丘陵、盆地、平原、河谷等多种地貌类型的地域。西部为太行山地，海拔在1000米左右。市域内行唐、灵寿、平山、鹿泉、井陉、元氏、赞皇7县（市、区）地处太行山区。平山县西北部的驼梁山海拔2281米，为辖区内的最高峰。京广铁路以东的正定、栾城、赵县、高邑、新乐、无极、藁城、晋州、深泽9县（市、区）地处华北平原，海拔在30~100米之间。

二、气候

石家庄市地处中纬度，属暖温带季风气候。四季分明，寒暑温差大。雨量集中，干湿期明显，夏冬季长，春秋季短。春季干燥多风，降水少，4月份气温回升。6、7、8三个月受东南温湿气流影响，降水集中，夏季降水量占全年降水量的63%~70%。秋季晴朗少云，温度适中，气候宜人。冬季盛行西北风，寒冷干燥，降水少。常年平均气温为13.6℃，年平均气温最高的县（市、区）是地处太行山东麓的鹿泉区、赞皇县和市区，极端最高气温是42.7℃（1961年6月10日出现在当时的藁城市），极端最低气温为-26.5℃（1951年1月12日出现在市区和正定县）。全市1月份平均气温最低为-4.7℃~-2.6℃，7月份平均气温最高为26℃~26.4℃。平均年降水量为450毫米~550毫米；年最大降水量为1519.3毫米，最少降水量低于200毫米。全年日照时数为2563~2852小时，无霜期为200天左右。气候适合多种温带农作物生长，有利于当地林果业和渔牧业的发展。

三、水文

石家庄市域内河流密布，古今的人工渠道众多。市域内的河流分属海河流域大清河水系和子牙河水系。主要行洪河道6条，其中北部的大沙河、磁河属大清河系，中南部的滹沱河、洨河、金河、槐河、泲河属子牙河系，总流域面积3.35万平方千米。

石家庄地区多年平均降水量为552.8毫米，多年平均降水总量为59.49亿立方米。石家庄地

击鼓传花

区自产水多年平均为11.33亿立方米。由外区流入本区的水量主要来自滹沱河上游及冶河上游的山西省。

第二节　政区变迁

石家庄历史悠久，文化厚重，早在商代就出现了城市雏形。战国时期崛起为东垣古城，汉代则成为真定国都城。北宋真定（今正定县）为河北西路首府，明清隶属于直隶真定府。1968年河北省省会由保定迁到这里，石家庄逐渐成为全省的政治、经济、文化中心。

但由于历史的原因，石家庄并没有承袭这些古城的名号，而冠以一个带有典型北方特色的村名。或许这正是这座城市的特色印记，也给这座城市蒙上一层神秘的色彩。

一、从东垣到常山郡

石家庄所辖区域是人类文明出现较早的地区，横穿市区的滹沱河孕育了古老的文明。7000年前，先民从洞穴进入平原，其重要居住聚落就在今石家庄市区东部的白佛口文化遗址。

古老的商朝祖先发祥于此，其祖先契带领他的部落所居住的蕃，就在今石家庄西北的蒲吾故城遗址（现已淹没在黄壁庄水库中）。

在位于市区东侧藁城台西村的台西商代遗址中，考古人员发掘出不同时期的房屋14座、水井2眼、墓葬112座，出土较完整的器物3000多件。其中不仅发现了规模可观的大型住宅，而且还有一至两处大型礼仪建筑或祭祀建筑。根据出土文物和建筑规模分析，这里是商代中期商王畿内的一个重要都邑，是这一带政治、经济、文化中心，是石家庄境内目前发现并确认最早的城垣，可谓石家庄之滥觞。这里出土的铁刃铜钺、酿酒作坊遗址和丝纺织品，在世界文明史

摆长龙

上具有标志性的地位，昭示了这一方土地上城邑肇兴的萌芽和古代文明的辉煌历史。②

石家庄主城区内最早的城垣，是战国时期中山国创建的东垣邑，位于今石家庄郊区东古城村。从战国七雄夹缝中崛起的千乘之国中山国，在滹沱河南建造了这座城邑。公元前305年，赵武灵王攻打中山，占领这个战略要地。

秦始皇统一六国后置东垣县，后又作为恒山郡（因位于北岳恒山之南得名）的治所，成为这一地区的政治、军事、经济、文化中心。

公元前196年，汉高祖刘邦亲率大军到此平定了异姓王叛乱，敕令改东垣为真定，取“真正平定”之意。从汉武帝以后，这里一直是真定国的都城，城垣巍峨，宫署富丽。

东汉末年，曹操消灭河北袁绍家族之后，将常山郡的治所迁至真定，使之成为这一带的政治中心。魏晋南北朝时期，这里一直是常山郡治所，也是河北中南部的政治、军事、经济、文化中心。

二、从安乐垒到真定府

东晋十六国时期，北魏拓跋氏与后燕慕容氏在太行山东西连年征战，后燕大将慕容恪在滹沱河北岸筑安乐垒。公元398年，北魏道武帝拓跋珪率军攻占常山郡，登城北望安乐垒，“嘉其美名”，遂将常山郡治所从滹沱河南的真定迁到安乐垒，希冀永享“安乐”。唐初，连真定县治所也北移安乐垒。安乐垒从此成为郡和县两级治所。这座城池平面呈“凹”形，周长二十里。城墙、城门、城垣门楼、箭楼、防水设施日臻完善，各级官吏府第、官衙建筑和宗教建筑鳞次栉比，并且建造了潭园、东圃等具有一定规模的园林建筑。

五代十国时期，后唐皇帝曾设真定府为北京，真定成为陪都。

北宋庆历年间（1041—1048年），真定府为河北西路首府，是路、府、县三级政权治所。著名政治家、文学家欧阳修曾出任河北西路都指挥使，北宋官员、著名科学家沈括曾到此任河北西路察访使。金、元时期真定府仍为路、府、县治所，元朝中书左丞相史天泽长期驻守真定，兼任真定济南九路都指挥使。意大利旅行家马可·波罗曾游历这座名城，在《马可·波罗游记》中，对真定城和滹沱河做了描述。

明清时这里仍是真定府、真定县治所。清朝雍正皇帝即位后，因避其名讳（胤禛），改真

纸毽子

定为正定。

从北魏到近代的1400多年间，这座在安乐垒基础上扩建而成的正定城，一直是河北中西部最重要的政治、经济、文化中心。如今，它还是国家历史文化名城。在这座历史文化名城内，名胜众多，人文荟萃，有隆兴寺、天宁寺凌霄塔、临济寺澄灵塔、开元寺钟楼等七处国家重点文物保护单位，被誉为“中国古建筑博物馆”。

三、火车拉来的城市

20世纪初，京汉铁路与正太铁路的修建，使石家庄由一个蕞尔小村成了两条铁路的交汇点。在滹沱河南崛起的这座新城，在几十年后取代正定城的地位，成为一方之政治、经济、文化中心。在21世纪中国改革开放的大潮中，这座新兴城市与正定古城形成了跨越滹沱河的双核中心城市，为实现真正的文化复兴而努力。

石家庄，原是明清时期隶属正定府获鹿县（今鹿泉区）留营乡的一个小村，距正定城15千米。清光绪年间《获鹿县志》记载：“石家庄，县东南三十五里，街道六，庙宇六、井泉四。”19世纪末，该村占地0.1平方千米，不足200户，560余口人，位置与范围在今石家庄市新华区北大街以西、新开路以南、新华路以北、北于家胡同以东。

清光绪二十二年（1896年）慈禧太后采纳张之洞的建议，决定修建卢（沟桥）汉（口）铁路，并许邻省修建支线与之衔接。山西巡抚胡聘之奏请朝廷拟修筑正定到太原支线（简称正太铁路），得到清政府的批准。为避免在正定城南面滹沱河上建造巨大的铁路桥，决定将正太铁路与卢汉铁路对接点选在滹沱河南岸柳林堡（今石家庄市桥西区柳林铺），由此称“柳太铁路”。

光绪二十三年（1897年）四月十六日山西巡抚上奏，提出向华俄道胜银行借款。次年（1898年）四月初二，山西巡抚派山西商务局绅曹中裕与华俄道胜银行代理人璞科第在北京总理各国事务衙门签订《柳太合同》，约定：线路由正定府南柳林堡起至太原府，计长500华里，工期三年，借款2500万法郎，年息六厘，二十五年本利还清。

光绪二十六年（1900年）义和团运动兴起，修路之事中辍。光绪二十七年（1901年）清政府同意将卢汉铁路延伸到北京正阳门，改称“京汉铁路”。光绪二十八年（1902年）京

推磨磨

汉铁路通至石家庄村东并建站，因石家庄村太小，所以取七里外的大镇振头（当时叫“枕头”）作为站名。

光绪二十八年（1902年）五月，华俄道胜银行璞科第以前约为据，催促动工。光绪二十八年（1902年）八月初六，清政府令卢汉铁路总公司事务大臣盛宣怀按照卢汉铁路办法与俄方妥订详细合同。

光绪二十九年（1903年）二月准备动工时，清政府的官员才发现法国人要采用窄轨，当即提出反对。而璞科第以正太路地势险阻、工程艰巨为借口，坚持采用窄轨；盛宣怀以正太为卢汉分支为理由，坚持要“一气衔接”。法国总工程师挨士巴尼实地勘测后提出，若修宽轨需再追借1亿法郎。而华俄道胜银行不允再加借款，双方相持一年，清政府让步。法国总工程师为进一步减少费用，将起点从柳林堡移到枕头站（即今石家庄站）。1904年2月，日俄战争爆发，最终俄国战败。华俄道胜银行将正太铁路借款事宜让给法国巴黎银行承办，正太铁路债权遂为法国所有。

光绪三十三年（1907年）九月正太铁路建成通车，线路总长度为243千米，设车站35个，共有隧道23座，总长为3345米，最长隧道为640米。全线有大小桥梁1200多处。

正太铁路虽然在石家庄村东与京汉铁路靠近，但正太铁路为1米窄轨铁路，而京汉铁路是1.435米宽的标准铁路，两条铁路不能并轨运行，从太原、井陉运来的煤炭、钢铁，要从正太铁路的火车上卸下来，再通过人力车搬运到京汉铁路装上大火车，才能南下北上。这种格局，成为一座转运型城市崛起的动因。因此，石家庄被称为“火车拉来的城市”[③]。

1922年，武汉楚兴公司投资在京汉铁路以东的休门村南创建大兴纱厂（后改为石家庄第七棉纺织厂），开创了石家庄机器纺织业的历史。同一时期，新记电灯公司、自来水公司、同义兴铁工厂、永聚兴铁工厂、立荣元轧花厂等20多家企业陆续创办。到1925年，形成了以京汉车站、正太车站、正太总机厂为中心，工业、商业、饮食服务业、运输业为基础的城镇，使石家庄村与铁路以东的休门、栗村两村连接起来。据1925年顺直水利委员会测绘的地形图测算，当时建成区面积达1.8平方千米（不包括休门、栗村两村庄的面积）。

彩绘木制燕车

四、石门市的建立

1925年直隶省试行“市自治制”。石家庄商务会呈请获鹿县，要求石家庄建市。当年6月24日中华民国政府签署命令，批准直隶省11个县城或小城镇施行市自治制，其中石家市“以石家庄为其区域”。但由于石家庄人口不足1万，遂将京汉铁路东的休门、栗村合并在内，人口达33077人。从石家庄、休门两村村名中各取一字，称“石门市”。1926年石门商务会组建石门市政公所，1927年市政公所成立。

1928年，中华民国政府正式将“市”作为行政建制，颁布《普通市组织法大纲》和《特别市组织法大纲》，规定设立普通市和特别市的条件。而此前直隶省施行市自治制的11个所谓的“市”，均不符合建制市条件，一律取消。随着工商业发展，大批农村人口不断向石门集中，到1930年石门产业工人已达16000多人。1933年7月，石门总人口达15006户、63156人。④

1937年10月10日，日本侵略军占领石门。日方为了把石门建成侵占华北的军事基地，一方面增加兵力，一方面扶植傀儡政权。1938年1月15日，组建伪石门市政公署筹备处。1939年伪河北省公署呈文给伪华北临时政府行政委员会称：“石门地当冲要，居京汉路中枢，正太路起点，物产集中，工商荟萃，人口虽不足三十万，而政治、经济具有特殊情形，拟请准予设市。”同年10月7日，伪华北临时政府行政委员会委员长王克敏签发《行政委员会指令（秘字第1027号）》，批准石门设市。伪河北省公署民统字第5369号训令批准石门市行政区划：东至北宋、尖岭，西至大马村、大郭村、西王村、大谈村、西岗头，南至五里庄、塔谈村、塔冢、东王村，北至大安舍、赵陵铺、董家庄、西古城、东古城。⑤

1941年，侵华日军为扩大对华资源掠夺，将石太铁路改建为1.435米宽国际标准轨，修筑了石家庄至德州的铁路。从此，石太铁路与京汉铁路并轨运行，京汉铁路与石太铁路、石德铁路形成十字交叉，市区面积发展到30平方千米，人口达20万人。

1945年，日本投降，国民党第三军占据石门，在城区周边先后开凿两条防御壕沟。沿着数米深的壕沟内侧修筑环城铁路，铁路上有装甲车来回巡逻，加强军事防务。石门变成白色恐怖的军事城市。

娶媳妇

五、新中国奠基之城

石家庄是中国共产党领导的人民军队解放的第一座大城市，石家庄平山县西柏坡是中共中央指挥三大战役、改变中国命运、规划中华人民共和国蓝图的圣地。石家庄是中央人民政府的前身——华北人民政府的诞生地，中央人民政府从这里走来，新中国从这里走来。

1947年5月，刘少奇、朱德率中央工委进驻平山县西柏坡，指挥晋察冀军区攻克石门，使得晋察冀和晋冀鲁豫两大解放区连成一片，为建立统一的华北解放区奠定了坚实的基础。1948年2月16日，中央工委书记刘少奇向中央提出，“晋察冀与晋冀鲁豫两区完全合并，邯郸局与五台局合并，成立华北中央局，管辖太行、太岳、冀鲁豫、冀南、冀中、北岳六个区党委，将来或者再与华东局商量合并渤海区，共辖7个区党委。此外两个军区司令部、政治部、财经办事处、银行、贸易机关、后勤机关、党校、大学等亦均合并办理。两个边区政府暂不宣布合并，但可合并办公，待召集两区统一的人民代表大会时再宣布合并。在石家庄附近设立指挥中心，管辖区域纵横不及千里，人口四千三百余万，再加渤海，则约五千万。交通便利，汽车一天即可到达任何一个区党委，毫无不便之处”。

1947年12月26日，人民解放军攻克石门，晋察冀边区行政委员会石门市人民政府发布通知，决定将石门市更名为“石家庄市”。

1948年8月15日至19日，华北临时人民代表大会在石家庄中山路南侧人民礼堂召开，投票选举产生华北人民政府委员会委员，董必武、聂荣臻、薄一波、徐向前、谢觉哉、黄敬、滕代远等27人当选为华北人民政府委员会委员。华北人民政府委员会全体会议选举董必武为华北人民政府主席，薄一波、蓝公武、杨秀峰为副主席。[6]

六、省会迁到石家庄

新中国成立后，石家庄的政治、经济、文化地位进一步提高，成为石家庄专区所在地，管辖正定、获鹿等17个县，取代了正定城的地位，成为区域中心城市。1953年，石家庄被国家列为“一五”期间重点发展城市。国家规划将河北省省会迁到石家庄。

1968年，河北省省会从保定迁到石家庄。石家庄的政治地位进一步提高，带动了经济、社会、文化各项事业的发展，逐步成为全省政治、经济、文化、科技、教育中心。1975年市区

缝沙包

人口有50万人。

改革开放40多年来，石家庄的城市建设得到空前发展，行政区划不断调整。1978年3月11日，石家庄市改为省辖市。1984年1月，石家庄地区获鹿、井陉两县划归石家庄市。1986年5月，石家庄地区正定、栾城两县划归石家庄市。1989年12月，撤销井陉矿区，并入井陉县。1990年10月，矿区恢复原体制运行；1992年5月，经国务院批准恢复矿区建置，归石家庄市管辖。1990年石家庄市辖桥东、桥西、新华、长安、郊区、矿区6个区和井陉、获鹿、正定、栾城4个县，合计33个街道、29个镇、69个乡。

1993年石家庄市和石家庄地区合并为新的石家庄市，1994年撤销获鹿县，设立鹿泉市（县级）。至此，石家庄市辖6个区、12个县、5个县级市。辖区总面积15848平方千米，其中市区建成区面积101平方千米。全市总人口854.58万人，其中非农业人口185.64万人。1991年3月，经国务院批准设立石家庄国家高新技术产业开发区；1992年7月，河北省人民政府批准设立石家庄经济技术开发区（2012年10月，经国务院批准将其升级为国家级开发区，由藁城区管辖）。

2001年1月22日，经国务院批准：撤销石家庄市郊区，设立石家庄市裕华区。2006年确定了主城区与北部正定、西部鹿泉、东部藁城、南部栾城4个卫星城，构成“1+4组团”空间发展战略，2008年明确了主城区重点向北与历史文化名城正定整合、向西与鹿泉相连的战略，一个大石家庄格局逐渐形成。

2014年9月9日，经国务院批准调整部分行政区划，撤销石家庄市桥东区，将原桥东区的中山东路4个街道和桃园镇划归石家庄市长安区，将原桥东区的东华、休门等5个街道划归石家庄市桥西区；撤销县级藁城市，设立石家庄市藁城区；撤销县级鹿泉市，设立石家庄市鹿泉区；撤销栾城县，设立石家庄市栾城区。

2017年，石家庄入选全国文明城市。辛集市不再隶属石家庄市。至此，石家庄市辖8个区、13个县（市），2个国家级开发区，辖区总面积14888平方千米，其中市区面积2240平方千米。

石家庄是一座新兴而具有深厚底蕴的城市，是一座在新中国革命史上写满辉煌的城市，是一座在时间和空间上不断延展的城市，是一座用宽阔的大街将战国古城与历史文化名城正定揽入怀抱的城市，是一座跨越滹沱河、挽起太行山的华北名城，是一座在京津冀和环渤海经济区占有重要地位的省会城市。

抛沙包抓拐

第三节 民族迁徙与移民

古人常说“十里不同俗”。石家庄地域广阔，西部太行山区的井陉、平山，口音属于“晋语系”，甚至不少村庄历史上属于山西省，新中国成立后才划归河北省。人口族系结构复杂，有历史悠久的原住民，也有不同时代的移民。因此，石家庄风俗中带有移民原居住地的烙印。石家庄更是一座典型的移民城市，原住民在城市人口中的比例随着城市发展逐渐降低，因此，石家庄是一座基本没有地方口音、普及普通话的省会城市。五湖四海的移民汇聚这里，都成了石家庄人。因此，这座城市具有包容、和合、开放、坚韧、仁厚的人文本色。

石家庄是个多民族杂居的省会城市。截至2018年年底，全市少数民族人口占全市总人口的1.09%。其中回族人口居多，占少数民族人口的52.79%。人口在1000人以上的其他少数民族有土家族、壮族、苗族、朝鲜族。少数民族人口分布呈现“大分散、小集中”特征，少数民族超万人县（区）有6个，分别是无极县、桥西区、新华区、裕华区、长安区、藁城区。全市有3个民族乡，即无极县高头回族乡、藁城区九门回族乡、新乐市彭家庄回族乡，占全市少数民族人口的24.31%。

一、民族迁徙与风俗

石家庄历来是北方多民族融合之地，多民族融合对当地风俗产生了深远的影响。

石家庄地处太行山东麓南北交通要道，控遏“天下九塞”之一的井陉古道，自古为兵家必争之地，也是历代商道、丝绸之路、瓷器之路、茶叶之路的必经之地。绵延不断的多民族融合、多元文化交融，造就了这一方包容、忍让的人文精神，成为这座城市不排外、尚和合的风俗本色。随着时代进步，风俗文化也在演变，并被赋予新的内涵。正因为如此，风俗文化具有强大的生命力，世代传承，丰富多彩的风俗文化成为文化自信的重要基础。

太行山东麓滹沱河流域是商朝祖先契的发祥地，商朝在石家庄藁城台西、正定新城铺、赵县宋城等地建立诸多奴隶主封地。周武王灭殷纣王后，将商朝遗老遗少迁至祖居地，这一

街头克郎棋

带再度成为商人集中居住区，市井商贸文化发达。

春秋战国时期，石家庄一带属中山国，中山国最鼎盛时期的国都灵寿，位于石家庄市区西北方30公里的滹沱河畔，今平山县三汲镇。商朝后人在这一带的聚居对中山国风俗产生了深刻影响。市井商贸进一步发展，冶金、玉器加工、错金银、丝纺织等技艺高度发达，在战国诸侯国中独树一帜。司马迁在《史记·货殖列传》中特别强调："中山地薄人众，犹有沙丘纣淫地余民。民俗懁急，仰机利而食。丈夫相聚游戏，悲歌忼慨，起则相随椎剽，休则掘冢作巧奸冶，多美物，为倡优。"[7]犹有沙丘殷纣地余民，成为这一带的民族特色之一。

两汉时期，广川（今河北省景县广川镇）董仲舒三应汉武帝策问，弘扬新儒学，建议汉武帝"罢黜百家，独尊儒术"。经儒学文化浸润与教化，民风逐渐重本抑末，河北之地农耕文明发达。桑蚕丝纺织业得到发展，成为北方重要的丝织品产区。男耕女织造就了真定丝纺织业的辉煌和农耕文明的富庶。

魏晋北朝时期，邺城（今河北省临漳县邺镇）是中国北方的政治、经济、文化中心，是当时丝绸之路和海上丝绸之路的交汇地，成为中原地区与北方少数民族地区进行茶叶贸易和与海外进行瓷器贸易的必经之地。来自中亚的粟特人[8]与北方少数民族来往于丝绸之路，经真定到达邺城。

在石家庄的魏晋北朝墓葬中出土了波斯和拜占庭货币，反映了当时东西方商贸活动的繁荣。其中，在赞皇县南邢郭村北齐皇帝高洋岳父李希宗的墓中出土了拜占庭狄奥多西二世、查士丁一世时期的金币。

在石家庄鹿泉区有一个地方叫胡神铺，百姓讹称为"胡申铺"。传说胡申是韩信背水之战的一员战将，因寻找水源未果而自杀。韩信来到胡申自杀处，发现了白鹿泉，为纪念胡申创建胡申庙，所在村庄就叫"胡申铺"。

实际上，这里的胡神庙始建于唐代，与胡申毫无关联。据《宝刻丛编》卷六收录的唐代宝历二年（826年）唐来复撰文并书丹《唐鹿泉胡神祠文》记载，胡神庙是成都节度使麾下粟特人后裔为其崇拜的神灵而建的庙祠，胡神是粟特人的神。所谓西汉"胡申"纯属子虚乌有。

随着丝绸之路的打通，大批粟特人迁居石家庄一带，形成外来文化融合本地文化的独特现象。在历史文化名城正定的开元寺内，于如意元年（692年）创建的恒州开元寺三门楼石柱

拍莲花

上，镌刻着与汉族通婚的安、曹、史、何、米、罗、石、康、毕姓氏的粟特人的铭文，其中有“何叭拔（妻曹氏）、息忽石聿（妻康氏）、石聿息名远（妻赵）”的字样，表明这些粟特人家族曾集中地居住在这座城市里。其中何氏粟特人家族，何叭拔及其儿子，都是与粟特人通婚，到孙子何名远，就与汉族赵氏通婚了。⑨

恒州获鹿县本愿寺石经幢上，也记录了唐中宗景龙年间（707—710年）史、安、石、毕、罗、翟等姓氏粟特人的家族。隋唐史学者孙继民先生收藏着一方正定墓志铭拓片。墓主人安元晖也是粟特人，家陇西古州人“因官河朔”，到真定，官至镇国大将军、左金吾卫大将军、殿中监，元和十二年（817年）卒于恒府（恒州府邸，即正定城）郭下县西恒安坊私第，享年七十岁。

粟特人把其舞蹈传到了真定。邯郸人刘言史，曾为成德节度使王武俊幕僚，深得王武俊信任，有机会在真定王武俊大都督府内观看胡腾舞，留下了《王中丞宅夜观舞胡腾》一诗，云：

石国胡儿人见少，蹲舞尊前急如鸟。
织成蕃帽虚顶尖，细氎胡衫双袖小。
手中抛下蒲萄盏，西顾忽思乡路远。
跳身转毂宝带鸣，弄脚缤纷锦靴软。
四座无言皆瞪目，横笛琵琶遍头促。
乱腾新毯雪朱毛，傍拂轻花下红烛。
酒阑舞罢丝管绝，木槿花西见残月。

诗中描述胡腾舞由横笛、琵琶伴奏，表演者身着舞服，腾挪跳跃，急如飞鸟，气氛十分热烈。在跳跃中将葡萄杯高高抛起，再腾空接住，身上所配环饰叮当作响，令人如醉如痴。石家庄曾一度成为腾跃街舞的发祥地，并且也是较早传播摇滚音乐的城市，这与多民族文化融合的基因不无关系。

直到如今，这些粟特人的后裔仍然居住在这里，传承着粟特人的文化，成为一个特殊的群体。甚至在他们世代传承的家谱中，都明确记载了其家族的来源和谱系。

从古代到近代，获鹿县做生意的多而且精明，利用井陉古道的地利之便，行商坐贾，买卖天下，成就了“获鹿旱码头”的商贸辉煌。当地人和来自西域的粟特人及其他少数民族后裔，

挑花绳

一起合作经商，在从福建经河北张家口、张库大道，一直到库伦（今蒙古乌兰巴托）、俄罗斯恰克图一线的万里茶路、瓷器之路、丝绸之路上，都有“以得利为善”的石家庄商人。

元朝，真定路（今石家庄市范围）成为金朝遗老、汉族人才汇聚的中心及元曲发祥地。在金朝为官的山西人元好问、白朴、张德辉等名人在金朝灭亡之后，大都在真定安身立命。长期流寓山西的杰出数学家李冶在封龙山创办书院，集天元术之大成，创立世界上最早的半符号代数学和高次方程解析法，成为13世纪世界上最伟大的数学巨匠。来自阿拉伯的沙克什（自称真定瞻思）在李冶数学成就的基础上，写成《河防通议》，用高次方程解决水利工程计算问题。真定诞生了尚仲贤、李文蔚等元曲作家和苏天爵、王思廉等文学家。也正由于政治开明、文化发达、名人荟萃，真定成为当时全国最重要的戏曲、文学、经学、天文学中心。意大利旅行家马可·波罗在他的游记中，盛赞真定府的城市风貌和发达的经济、繁荣的文化。这从一个侧面反映了当时这一带民族和睦、多元文化共同发展的氛围及兼收并蓄的人文精神和风俗。而且这种风俗成为正定文化杂陈、民族和睦、崇文尚和的文化根基。甚至直到当代，正定县的滹沱河以南仍是以河南话为主的地域，很多村庄的方言仍保留着正宗的汴京余韵，而滹沱河以北的方言则轻柔文雅许多，这与金朝南京、汴京城大量移民落籍真定有着密切的关系。

元末明初的天灾、战争和王朝更替，导致民族迁徙、人口锐减。明洪武年间（1368—1398年）、永乐年间（1403—1424年）多次大规模向河北移民。宣德年间（1426—1435年），又从江南、陕西等地向河北、北京调拨军队，并推行军屯卫所制，不仅把移民紧紧与土地结合起来，而且把大部分军队与土地结合起来，强化了重农固本、守土抑商的民风。加上这一带水土、灌溉条件优越，农耕、植棉业形成优势，并与传统纺织技术结合，形成棉纺织优势。

受重农抑商民风的影响，种植粮棉、善织纫的经济优势在石家庄东部平原没造就太多名商大贾，却为临近的山西提供了商品资源，大量的晋商涌来，通过贩运棉花发家。清朝时期，石家庄各县农耕经济优势越发明显。乾隆年间（1736—1795年）直隶总督方观承编绘的《棉花图》集中反映了保定、正定等地的植棉、晒棉、纺织工艺，反映了这一地区的经济优势。但农本意识的束缚，把这一方人囿于小农经济圈子内，限制了他们对外界的了解。到近代，石家庄一带的人们在衣饰、家什、棉织品花样、文饰等方面的审美意识仍停留在明朝时期的水平上，被晋商、徽商视为“土气”，以至棉纺织优势也失去了，晋商、徽商不再从真定府

跳大绳

贩购棉布，而仅购买原料——棉花。同治年间（1862—1874年）的《栾城县志》就记载："栾地四千倾，棉十之六。晋豫商贾云集，民竭终岁之劳，售其佳者，以易粟，而自衣其余。"观念的落后使产品优势倒退到原料优势，出现了"北棉运于南，南布鬻于北"的局面。

风俗与天时、地利、人和都有密切关系。风俗深受民族、信仰、政治制度、经济体制、地缘特色的影响。一方水土养一方人，同时多方人聚合与相互影响，也在不断影响一方土地上的民风民俗。

二、移民城市

1903年京汉铁路建成通车，1907年正太铁路与京汉铁路在石家庄交汇，为石家庄商品经济发展和城镇化提供了机遇。利用交通、井陉煤炭、河北植棉等优势，发展大型棉纺织产业，是石家庄地方经济发展的策略。但石家庄本土民众以农本思想为主流的民风，使石家庄没有产生杰出的实业家。井陉之煤，德国人汉纳根最先开采，皖系军阀段祺瑞继后；河北之棉培植了高阳土布小手工业。湖北楚兴公司1922年开始利用石家庄作为棉产地和交通要道，以及拥有井陉之煤的优势，创建了第一家大工业纺织企业——大兴纺织股份有限公司（俗称"大兴纱厂"），对石家庄近代经济发展具有重大影响。此后，来自国外、省外的商业资本纷纷对石家庄一带原材料和劳动力等资源进行开发。慢慢地，河北的一些文人开始觉醒。民国时期石家庄谈村著名士绅张良弼（田汉夫人安娥之父）作为直隶督学，倡办实业学校，创办一系列传授技术、倡导实业的学校，培养了一批具有商品意识和现代技能的人才。以张良弼为代表的文人群体重实业、发展商品经济的取向，反映了一个时代价值观念、民俗风尚从农本观念向商品经济观念的转变。

人口结构的变化，必将引发风俗的变化。新中国成立以来，几次大规模的人口迁入，对石家庄的民风民俗产生了深刻影响。

第一次是1947—1949年间。随着人民解放军攻克石门，石家庄解放，根据地的一批机关单位、学校及企业，如中共中央华北局、华北人民政府机关、华北补训兵团、华北军政大学、华北大学、华北工业学校等进入石家庄及周围区县，使石家庄人口迅速增加。1947年11月，石家庄解放时人口有12.56万人，1950年上升到28.70万人。人口迁入给石家庄带来具有鲜明特色的根据地文化和风俗。外来人口的比重越来越大，外来人口越来越占据文化优势，带来了文化的大融合。

第二次是“一五”计划、“二五”计划期间。石家庄被确定为国家重点发展城市，从天津、上海、唐山、青岛等地规模性、成建制地迁来了一批纺织、制药等行业的工人和技术人员，其中天津人居多。到1955年石家庄市区人口增至45.20万人，1960年增至65.37万人。外地人带来的文化观念、风俗习惯对石家庄原有风俗产生了影响。长安区中部棉纺织产业区，主要聚居来自天津的纺织工业职工及其家属，形成了以天津话为标准口音的社区。而桥东区的北部，聚居以唐山职工为主的纺织工业职工及其家属，形成了以唐山风俗为主的社区。由此可见外来文化影响之一斑。

第三次是河北省省会迁入石家庄之时。1968年河北省省会迁到石家庄，省直机关和省属企事业单位的数万名干部职工，加上家属，十几万人移入石家庄。随后，一批大专院校、省直文艺团体、医疗卫生机构陆续迁入。河北教育、文化、艺术精英集中到石家庄，提高了石家庄居住人口的整体文化素质，也影响了石家庄的民风民俗。

第四次是改革开放以来，石家庄的交通区位优势，吸引了来自全国各地的商贩、企业家及其他从业者。尤其是南方一些省份的人到石家庄从事各种商品生产和经营活动，在市区和城郊接合部形成了“外籍人部落”。他们不仅在衣着服饰、餐饮、家居等方面对石家庄人产生新的影响，在价值取向、审美意识等方面也与石家庄人相互影响，对石家庄风俗的某些要素产生深远的影响。近代以前的石家庄原住民大都不吃水产品，尤其是西部山区原住民都不吃鱼。而随着天津、上海、江苏以及浙江温州等地人员大规模迁入，海产品逐渐成为石家庄人的美食取向，而且随着人口多元化的发展，石家庄成为一座各色美食争相登场的城市。川菜、徽菜、粤菜、湘菜等各大菜系，以及沙县小吃、兰州拉面、莜面等各种小吃，在石家庄受到青睐。这其中绝非一个饮食风俗那么简单，而是多元文化风俗在餐饮领域的一个表征。

几次外来人口的迁入，使石家庄人口构成发生很大变化，原住人口在总人口中的比重越来越小。在石家庄企事业单位中，员工总人数的70%以上是外来人口或近代以来移民后裔，石家庄原住民不到三成。初到石家庄的外地人，一出车站，不会听到浓重的当地口音，甚至很难听到原汁原味的石家庄当地话，听到的都是普通话。五湖四海人的交流需求，使普通话成为共同语言，而多元文化融合互鉴，不断弱化石家庄本土的风俗。将五湖四海的民风民俗融合在一起，成为石家庄风俗的特色。如今在石家庄很小一部分城中村的社区里，婚丧嫁娶还要临时搭起大棚，支起大锅熬肉菜，摆酒宴，保留着一些原住民的传统婚丧风俗，但更多的石家庄人的婚丧嫁娶已不再采取本土的风俗形式。有很多中华民族文化的宣扬者不断呼吁，要建造传统婚典的礼仪场所，鼓励和吸引更多青年男女举办中国式的传统婚典，以促进民族文化在婚礼教化中的复兴。

石家庄具有俭朴、仁厚、包容、善良的民风，除受当地农本文化影响外，还因为陆续迁入石家庄的人口大部分来自农村，“一五”计划、“二五”计划和改革开放以后迁入的工人、商人和其他技术人员，其童年也大都是在农村中度过，受农本文化滋润过。崇尚俭朴的风俗，使石家庄人对生活标准要求较低，对各种艰难困苦具有很强承受力。凭着这些优秀品质，石家庄人在各项建设中立下了汗马功劳，保证了各项事业的顺利发展。

商品经济观念淡薄，也是石家庄人的一种旧俗。这种观念在新形势下正在改变。大量外来商业资本的聚集，吸引大量商业人口迁入，促进了商贸流通的繁荣。石家庄人的商业意识被唤醒，他们利用石家庄交通便捷的地利优势，造就了南三条、新华集贸市场两个闻名全国的批发市场，商品物流覆盖“三北”地区，南三条曾经被评为全国十大市场之一。

改革开放以来，石家庄市各县（市、区），利用优秀民俗服饰、特色民族食品、礼品、吉语、庙会、节日花会、地方戏曲等民俗文化精华，开发独具特色的民俗产品，开展民俗活动，增加旅游文化产业吸引力，促进区域性旅游产业的发展，带动假日经济的繁荣。

注释

①石家庄市统计局、国家统计局石家庄调查队编：《石家庄统计年鉴2018》，中国统计出版社，2018。

②河北省文物研究所编：《藁城台西商代遗址》，文物出版社，1985。

③李惠民：《火车拉来的城市》，商务印书馆，2018。

④石家庄市地名办公室编：《石家庄市地名志》，河北人民出版社，1987。

⑤石家庄市地名办公室编：《石家庄市地名志》，河北人民出版社，1987。

⑥王智主编：《华北人民政府全景实录》，中央党史出版社、河北教育出版社，2016。

⑦《史记》卷一百二十九《货殖列传》。

⑧粟特人原是生活在中亚阿姆河与锡尔河一带操古中东伊朗语的古老人群，从我国的东汉时期直至宋代，往来活跃在丝绸之路上，以长于经商闻名于欧亚大陆。

⑨冯金忠、陈瑞青：《河北古代少数民族史》，民族出版社，2014。

上班族的搪瓷杯

第二章　工商风俗

石家庄这片土地，物华天宝。古老的粟作农业为当地人民生活提供了粟、黍、稷等粮食作物，造就了制作金黄色年糕的传统习俗；数千年的麦作农业，为石家庄人的面食技艺的发展提供了丰厚物质基础，石家庄的花馍和月饼模子制作都浸润着中华民族吉祥文化的审美情趣。

石家庄是全国著名的纺织业基地，而古老的桑蚕养殖与丝纺织技艺，使这一地区丝纺织品在人们生产生活中长期占据重要地位，在丝绸之路历史上书写了千年辉煌。石家庄也是瓷器生产和出口基地。隋唐时期的恒州瓷窑，薪火传承千余年，通过瓷器之路和海上瓷器之路向海内外输送了石家庄人的智慧制造。

第一节　技艺传承

滹沱河平原是中国粟作农业发祥地之一，也是中国最古老桑蚕养殖及丝纺织业发祥地之一，西部太行山区的井陉有北方古老的瓷窑。在古老的丝绸之路上，这一带的丝织品、瓷器曾西出太行山，进贡汉唐古都长安，远销西域乃至更远的地方。

一、丝路记忆

中国是世界上最早发明养蚕技术和丝纺织技艺的国家，我们的祖先在5000多年前就开

农户草辫

始养蚕。古史有伏羲“化蚕”、嫘祖“教民养蚕”之说。《史记·五帝本纪》记载：“黄帝居轩辕之丘，而娶于西陵之女，是为嫘祖。嫘祖为黄帝正妃。”黄帝元妃西陵氏为“先蚕”，即最早养蚕的人。

1981年，在石家庄市滹沱河北岸南杨庄村，有一个重要的考古发现，为中国桑蚕丝纺织的历史提供了最古老的物证。养蚕、缫丝和织丝在我国最早出现。20世纪50年代，在距今约5000年的浙江钱山漾遗址发现了绢片和丝带，为家蚕所产，这是当时考古发现最早的家蚕养殖和丝织业实物。[①]而南杨庄出土的家蚕文物，比之要早500年。

考古发现了两件陶蚕蛹，是仿照家蚕蛹制作的；同时发现了“加捻牵伸的陶纺轮，以及既可理丝又能打纬的薄刃条形骨匕70件”。这是我国目前考古发现最早的养蚕丝织实物。这项考古发现证明，滹沱河流域是中国桑蚕业和丝纺织业的发祥地之一。[②]

商代，石家庄一带滹沱河流域丝纺织技术达到更高的水平。在石黄高速公路的北侧，有两个高大的土疙瘩，是国家重点文物保护单位、国家重要考古遗址——台西商代遗址。20世纪70年代，考古工作者在这里发掘出七项“世界之最”，其中包括：最古老的铁器——铁刃铜钺，最古老的冶铁证据——铁矿渣，最古老的酿酒作坊遗址，世界上最早的酒曲，最古老的手术器械——砭镰。

台西10号探方出土的已炭化的麻布，属平纹组织，是大麻纤维，残留胶质较少，说明台西商代先民已掌握韧皮纤维脱胶技术。这种麻布的经纱是两根纱合股加捻而成，纱线加捻比较均匀，为S捻向。这种手工纺麻方法世代相传，直到近代仍在沿用。

台西商代遗址出土的丝织物种类丰富，一件铜觚上附着几块丝织物，有平纹纨、平纹纱类、绞纱类的纱罗等。学者鉴定一件铜觚上有刺绣和“OOO”形羊毛织物。在同墓出土的另一件青铜爵上，有回纹丝纺织品，河北省著名的考古学家唐云明认为，它是古代的纺织品——绮，采用平地起斜花纹的提花组织。

台西商代遗址出土的平纹皱丝织物——縠，是目前发现的世界上最古老的泡泡纱丝织品实物，质地轻薄，丝缕纤细，经丝由两根丝并捻而成，捻度为2500~3000捻/米；纬丝则由多根丝并捻而成，捻度为2100~2500捻/米，均属强度捻丝。这就证明3400多年前的商代滹沱河先民，就能纺织皱丝纺织品。这种丝纺织品实物在湖南长沙马王堆汉墓中也被发现，时间比台西商代遗址的实物晚了一千多年。

弹棉花　网被套

战国时期中山国手工业种类繁多，且都达到相当高水平。1978年前后，在石家庄、保定等地出土大量属于战国时期中山国的文物。从质料上看，有金、银、铜、铁、陶、漆、木、玉、石等；从用途上看，有生产工具、生活和装饰用品，涉及社会生活各方面。经考古发现，在中山国古城遗址里面有大面积冶铜、冶铁手工业作坊遗址，还有陶器制作、骨器制作、纺织品制作、酿酒、木工、皮革制作、兵器制作等作坊遗址。中山国同其他诸侯国一样，由官府直接掌管大规模的手工业。

从发现的实物看，中山国丝织物有丝线、丝绳、丝带、丝绸，以及用丝绳和丝带结成的网络状实物等品种，并且丝织品的品种繁多、色彩缤纷。从中山贵族墓M3中发掘的小玉人及中山王墓M6中出土的人俑灯的衣服样式来看，中山国丝织品上织有各种各样精美的方格纹、卷云纹等纹饰，并且袖口、衣襟等处用于镶边的丝织品品种显然与主要衣料的品种不同。

河北省文物研究所在《战国中山国灵寿城：1975—1993年考古发掘报告》中指出，出土的丝纺织品，既有平纹绸缎，也有抽丝织物、辫纹织物，丝纺织技艺是战国时期最为精美和华丽的，其纺织技艺达到西汉长沙马王堆汉墓丝纺织品技艺的水平。而后者比前者晚了200多年。

桑麻生产和纺织手工业自古就是石家庄重要的衣食来源，受到统治者重视。曹操统一北方后，河北相对稳定，经济恢复。建安九年（204年），曹操将两汉按照人丁征收赋税的制度改为以户为单位征收绵和绢等丝纺织品，每户“出绢二匹、绵二斤”[③]。

这种制度之所以首先在冀州实施，是因为曹操首先控制冀州、挟天子以令诸侯，也说明冀州家庭桑蚕养殖和丝纺织相当广泛。

唐代徐坚等奉敕编纂的《初学记》讲到绢说：西晋统一后，“其赵郡、常山、中山国输缣当绢者，及余处常输疏布当绵绢者，缣一匹当绢一丈，疏布一疋当绢一疋，绢一疋当绵三斤”。这就是说这三个郡国，因丝纺织发达，常有人用双经双纬粗厚的丝织品“缣”当绢给官府缴纳贡赋，因缣厚重，一匹缣可当一丈绢。这表明晋代石家庄一带的桑蚕养殖和丝纺织业，在汉代基础上有了新的发展。

盛唐时期河北道南部（今京津冀地区），是全国丝纺织业技术最先进、丝纺织品产量最多的地区，其技术、产量都远远超过江南。反映大唐经济状况的《通典·食货·六赋税》记载了盛唐时期天下州郡常贡物品的种类和数量：天宝元年（742年），全国共有318个郡，其中常

搓纸簾子

贡丝织品的有63个郡，总贡各种丝织品3764匹。河北道有15个郡常贡丝织品，共1831匹，约占全国常贡丝织品总数的50%。[④]《唐六典》卷三《户部郎中》记载，河北道“厥赋绵及丝，相州调兼以丝，余州皆以绢、绵”。

河北丝织业不仅产量大，且技术水平高，品种多，质量好。《唐六典》卷二清楚地记载，“凡绢、布出有方土，类有精粗，绢分为八等，布分为九等”。

一等到四等绢产地，集中在河北、河南两道；六等以下集中产于淮南、剑南、江南三道。就绢制品质量而言，河北道仅次于河南道，而川、陕、江浙丝织品的质量差。

北宋初，宋太祖赵匡胤重视发展农桑，促进了丝织业发展。《宋史·地理志》对河北平原桑蚕丝织业评价说：河北路“蚕丝、织纴之所出”，有“衣被天下”之称。

宋代晁补之编著《鸡肋集》卷六十二《张洞传》记载：辽国的契丹人也因“河北东路民富蚕桑”而将其称之为“绫绢州”。可见桑蚕丝纺织业在这一带经济生活中占有重要地位。当时河北西路的桑蚕丝纺织业主要分布在中部定州、真定府以南地区，“从来河朔多桑麻”。

两宋之际文人赵希鹄，是宋太祖儿子赵德昭的后裔，是一位著名的艺术评论家。他在《洞天清录·古画辨·画绢》中，对当时画画所用丝绢的品质给予这样的评价：“河北绢经纬一等，故无背面；江南绢则经粗而纬细，有背面。”当时书画家们选择书画用绢时，一定要河北东西路的产品，不选江南的绢。

明朝初年，黄道婆传播的棉花纺织技艺从松江（今上海）传到河北中部。明宪宗成化年间（1465—1487年），棉花种植普及。大学士丘濬说：“棉花至我朝，其种乃遍布天下，地无南北皆宜之，人无贫富皆赖之，其利视丝盖百倍矣。臣故表出之，使天下后世知卉服之利始盛于今代。”他认为能让人们穿上棉纺织衣服，是明王朝的重要功德之一。

明代中叶，随着棉花种植区域不断扩大，棉纺织业逐步发展。特别是“一条鞭法”推行后，税收改征银或折征布，直接推动农村家庭棉纺织业的发展。北直隶地区，土肥水沃，适宜棉花的生长，棉花种植业与传统男耕女织相结合，人们逐渐用棉花改造传统纺织业。到了清朝乾隆年间（1736—1795年），直隶总督方观承大力推广棉花种植和纺织技艺，河北平原逐渐成为北方重要的棉产区，石家庄这一带形成了“男力稼穑，女耕纺织”的民间风俗。这一带富贵人家，始终传承着对丝纺织品的推崇，直到新中国成立之后，还有不少家庭传承养蚕、织丝、穿戴丝纺织衣物的风俗。

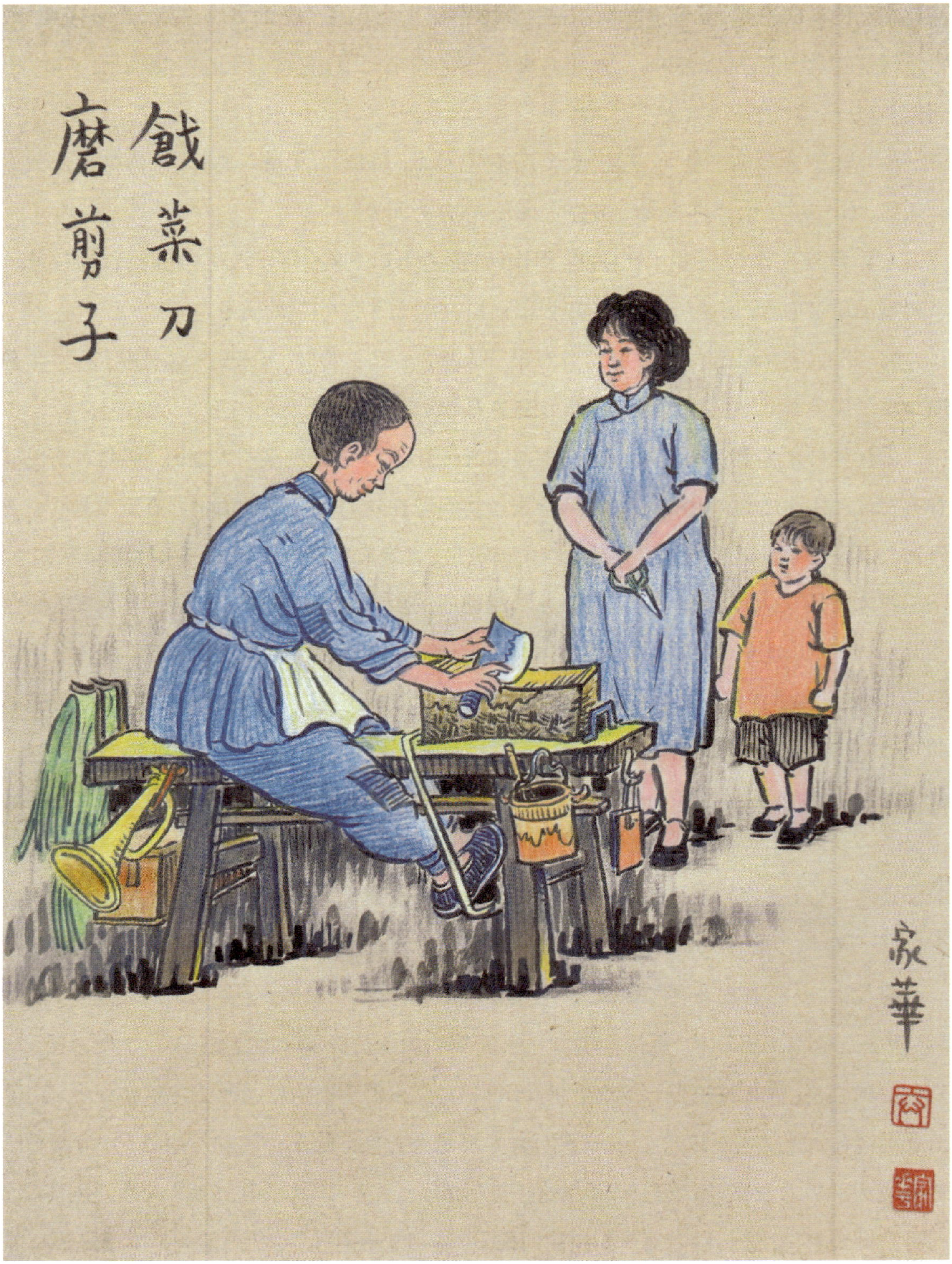

磨剪子　戗菜刀

1922年，湖北楚兴公司经过认真调研分析，决定利用石家庄市及其周边棉花主要产区和铁路交通的优势，在石家庄京汉铁路东侧休门村投资创建石家庄大兴纺织股份有限公司，当地又称“大兴纱厂”。该企业成为石家庄市第一个近代的纺织工业企业，在华北地区棉纺织产业中占有重要地位。⑤

新中国成立后，石家庄被列为国家重点发展城市，国家投资在石家庄创建了国营第一到第六棉纺织厂和石家庄市印染厂，石家庄成为新中国重要的纺织工业基地。经过改造的“大兴纱厂”也变为石家庄市第七棉纺织厂。改革开放以来，石家庄纺织业经过不断升级改造，由石家庄原市属国有纺织企业联合组建的常山纺织集团有限责任公司，2000年7月在深交所上市。

桑蚕养殖和丝纺织技艺直接影响石家庄当地风俗。传统七夕节比巧手、赛女红的风俗与传统纺织技艺密切相关。

二、冶金技艺

石家庄一带的先民早在4000多年前就掌握了冶炼铜器的技术。恩格斯指出：“铜、锡以及二者的合金——青铜器是顶顶重要的金属。”⑥ 青铜器的广泛使用，标志着人类使用金属工具时代的到来，是一次革命性飞跃。在今石家庄市域范围内，新华区北焦，长安区谈固，鹿泉区北胡庄，藁城区台西，正定县新城铺、辛集，平山县西关等一系列商代遗址中出土了各种类型的青铜器，包括青铜卣、青铜彝、青铜簋、青铜鼎，以及爵、觯、斛、尊等青铜酒器，反映了这一时期青铜器铸造业的发展水平。

这一地区从商代开始冶铁并利用铁制造器物，藁城台西商代遗址出土的铁刃青铜钺，由铁刃与青铜浇铸在一起制作而成，是目前世界上发现的最早的铁器实物。铁的发现和铁器的制造与使用，“这是历史上起过革命性作用的各种原料中的最后者和最重要的。铁使广大面积的田野耕作、开垦广大的森林地域成为可能”⑦。

战国时期，中山国的冶铁、冶铜、错金银技艺空前发达。中山王墓出土青铜器249件（含车马器、兵器、漆器、屏风、帐、棺椁等青铜构件），泥范铸造、分铸铸接是这些青铜器的主要成形方式。⑧

换锅底

中山国青铜器制作水平已经相当高。制范材料不仅有陶范，还出现了可重复使用的石范。从青铜器浇铸方法看，浑铸法和分铸法是中山国青铜器制作的主要方法。此外，中山国青铜器的镶嵌、鎏金、线刻等装饰工艺也很突出。中山国青铜器的造型和纹饰特点也有其独特之处，如在灵寿西岔头出土的铜盘内底饰为七鱼六兽，这样的纹饰在当时中原各国并不多见。

金银错镶嵌青铜器物，是中山国惊艳世界的精美工艺。司马迁在《史记·货殖列传》中特别强调“中山地薄人众”，“多美物”[⑨]。在中山国都城灵寿故城遗址出土的错金银纹饰铜身银首宝石镶睛人俑灯、错金银纹饰虎吞鹿、错金银双翼神兽、错金银四龙四凤铜方案、大型山字形礼器等，都是罕见的青铜器艺术珍品。其工艺难度很大，需经科学计算，还要有严格的范模，从陶范到金属范，从单合范到双合范，从外范到内范，都需要统一设计，统一冶铸，统一焊接，曲度大的部分还要分别采用多次焊接法，显示出中山国匠人青铜器制作的精湛工艺。

石家庄市境内分布有众多的战国遗址，主要有裕华区东岗头遗址、新华区市庄遗址、鹿泉区南任村将台湾遗址等，这些遗址中出土了大量的铁器。

市庄遗址，位于今河北省文化和旅游厅院内，是战国时期重要村落遗址，不仅出土了大量残瓦和牛羊猪狗鸡等家畜、家禽骨骼，还出土了两堆已炭化的高粱。出土的铁、石、骨、蚌质生产工具中，有铁器47件，占总数的65%，多数为生产工具，分为农业生产工具、手工业生产工具、兵器和防护装备、生活用具，以及车、船构件等五类，主要有镬、铲、锄、镰、斧、凿、镞、铁甲片、铁盆、带钩、轴箍、船板箍等。由此可见，铁器在中山国已被广泛用于社会生产和生活各个方面。经金相学和化学分析监测，市庄遗址出土的铁斧是采用高温液体还原法炼出的铸铁制造的，有的铁斧还经过了柔化处理，克服铸铁易断裂不耐用的缺点，增加了器物柔韧性。[⑩]这证明早在2300多年前，中山国人已能利用范具成批生产铁制农具，还掌握了先进的铸铁柔化退火处理技术。

中山国都城灵寿故城遗址出土的铁器十分丰富，除中山王墓中的随葬器外，还有四号、五号遗址出土的铁器和修墓者的遗留器物。在手工业作坊区，铸铜、铁器作坊遗址面积最大，有50多万平方米，内部有明确的专业分工。考古发现，遗址东南部的冶铁作坊以铸铁铲为主，西南部有夯土建筑遗迹，是作坊的管理机构或居住区。

《吕氏春秋·贵卒》记载，赵国进攻中山国时，中山国一人“衣铁甲操铁杖以战”。制作铁

修伞

甲衣，需要合身符体，必然对部件的冶铸、加工、拼装提出更高的要求。中山王墓出土的长方形铸铁大盆重126.4公斤，是至今发现的战国时期最大的铁器，反映了当时中山国的冶铁技术水平之高。

西汉初，采取措施恢复经济。“文帝之时，纵民铸钱、冶铁、煮盐。”[11] 汉武帝时期，置大司农中丞管理盐铁。全国置49处铁官管理冶铁作坊。其中，常山郡都乡县（今石家庄市井陉县北）“有铁官”，蒲吾县（今平山县东部）“有铁山”。[12]至今在平山、井陉，一直保留着冶里、冶西、东冶、南冶、北冶等地名，这些地方就是汉代以来太行山冶金作坊所在地。

西汉时期，河北地区出现了工艺水平很高的熟铁、白口铁、麻口铁和中低碳钢。青铜冶炼技术也不断提高。1965年在石家庄市行唐县发现的西汉“常山食官铜钟”，是当时常山国称量粮食的一件官方器物，重10.8公斤，铸造精良，而且是一件实用器具。1972年在石家庄市区的东垣—真定故城遗址发现了西汉铸造五铢钱的石质钱范，有大小两种。大者一次可铸16枚钱币，小者一次可铸造14枚钱币。钱范设计精巧，使用方便。

1960年在石家庄市内还发现了东汉鎏金铜牛一件，长11.8厘米，形象逼真，造型雄健，铸造工艺精湛，反映了汉代常山郡、真定国冶金业的发达和技术水平的高超。

东汉末年，袁绍依仗“幽冀旧壤，铠马所出”[13]，控制河北多年，与曹操抗衡。频繁的战争，耗用大量兵甲，导致铁器严重匮乏。曹操控制北方后，“乃定甲子科，犯钛左右趾者，易以斗械，是时乏铁，故易木焉”[14]。不得已将铁制刑具改为木质。曹操在建安年间（196—220年）委派王修为司金中郎将，负责制造兵器[15]，遣韩暨为河北监冶谒者，他“在位七年，器用充实”[16]。随着冶金规模的扩大和技术提升，推广水排作为水力鼓风机，提高了冶金业的效率，“计其利益，三倍于前”[17]。效益提高了三倍，这为冶金业发展奠定了重要基础。

隋唐时期，太行山东麓冶河下游的平山、井陉、获鹿等县，冶铁、冶铜业长足发展。据《新唐书·地理志》记载：“井陉、平山有铁。”在获鹿县（今鹿泉区）本愿寺内，有一口唐开元十七年（729年）铸造的大铜钟，工艺精良，造型优美。[18] 正定开元寺钟楼内原来保存的唐代大铜钟，更是唐代大型冶铸工艺的重要物证。

天宝三载（744年），唐玄宗“敕两京、天下州郡以金铜铸帝等身天尊及佛各一躯，送开元观及开元寺”[19]。恒州（唐穆宗李恒即位后改名为镇州）作为北方重镇，不仅在开元寺、开元观内铸造了铜佛、铜天尊像，还在城西大悲寺铸造一尊巨大的铜佛像。[20] 这反映了

鸡毛掸子、鞋拔子和甩子

恒州利用太行山金属矿藏使冶金业得到进一步发展，铸造水平进一步提高。

五代前期，历经战乱，兵燹不断，军事需要刺激冶金业畸形发展。冶金业的主要产品集中在兵器、军械制造方面。周世宗柴荣即位后，亲率大军北驱契丹，于显德二年（955年）灭佛，“诏悉毁天下铜佛像以铸钱”[21]。据《佛祖统记》记载，他亲赴镇州大悲寺，持斧毁掉大悲铜像，铸造钱币。于是，河北各州纷纷置炉，毁掉宗教造像，用于铸造钱币和器械，刺激了各州县冶金业的发展。

北宋时期石家庄最辉煌的冶金成就，就是赵匡胤敕造的真定龙兴寺（今隆兴寺）千手千眼大悲菩萨铜像，高22米，分层铸造。这么巨大的铸铜佛造像是怎样制作模具的，成为千古之谜。

明代以来，真定卫驻真定，卫所将制作兵器打造成为一种军事产业。

清代民间铸造农具的技艺传承了当地历史悠久的冶金技术。

抗日战争和解放战争时期，共产党领导的人民军队在太行山冶铁铸铜，平山北冶、井陉煤矿一带建造了多处兵工厂，制造武器。

1948年，华北人民政府在石家庄成立。中华人民共和国成立后，石家庄被确定为第一个五年计划国家重点建设城市，在传统冶金工业基础上创建了石家庄钢铁厂、石家庄工具车厂、石家庄市水泵厂、石家庄市煤矿机械厂等大型重工业工厂。

改革开放以来，石家庄的制造产业从传统向高端发力，从各自为战到集聚发展，从制造迈向“智造”。改革开放40多年的发展，初步形成了产品门类比较齐全、特色优势比较明显、具有一定规模和技术水平的装备制造产业体系。天上飞的、地上跑的，石家庄都能生产。装备制造主要产品涵盖8个大类、45个中类、143个小类、上万个规格型号。装备制造业规模以上企业625家，从业者13.01万人。2017年，全市装备制造业完成工业增加值409.59亿元，增速11.3%，对全市工业的支撑作用居各行业之首，成为全市第一大主导产业，向“智造”迈进，向“高端”升级。中车石家庄车辆有限公司从单一货车修造，到如今铁路货车、城轨车辆、新能源汽车、高端粮机等板块齐发力，“百年老企”踏上转型升级绿色征程。

悠久的冶金、错金银传统技艺，在石家庄这片土地上得到传承和发展，至今在一些村庄还有老铁匠、老金匠、老银匠和铸造青铜器的老匠人，世代传承传统技艺，手工打造传统农具、家具。改革开放以来，这些传统技艺在风俗传承的潮流中实现复兴，由中山国研究会传

刻钢板、油印机

统技艺传承人黄子爵创建的错金银青铜制造坊，利用战国时期的铸造和错金银技艺，仿制、复制战国中山国精美的错金银青铜器，成为河北省文化创意产业基地、河北省旅游商品研发基地。石家庄市鹿泉区还有多家传统手工铜雕作坊。

石家庄的铁板、铜版浮雕是一种传统的手工技艺，也是一种时尚艺术。中国工美行业艺术大师、河北省一级工艺美术大师郭海博，通过对传统金属雕刻艺术提炼融合，摸索出一套铁板浮雕锻塑技法、彩铜浮雕烧色技法。郭氏铁板浮雕锻塑技法是一种用手工锤锻的方法，直接在生冷铁板上创作的雕塑艺术。题材囊括了山水、人物、花鸟等，画面奇妙，栩栩如生，独有的雕塑语言所表现出的特殊肌理，别有一种其他材质无法比拟的美感。彩铜浮雕烧色技法是一种在创作好的铜浮雕作品上，通过烧色工艺，使其表面幻化出五颜六色的特殊艺术效果的浮雕艺术。如同窑变，色彩斑斓且不可复制。多年来，郭氏铁板浮雕艺术作品频频入选省级、国家级大型美展及工艺美术和民间艺术博览会，并多次摘金夺银荣获大奖。

三、酿酒

商代，石家庄一带粮食产量已非常大。除日常食用外，还有剩余粮食酿酒。在商代遗址中发现许多青铜酒器，如爵、卣、壶、尊、觚等。酒的生产以粮食为原料，藁城台西商代遗址所发现的酒，是当时石家庄粮食产量大的证明。台西商代遗址发现了完整的酿酒作坊遗址，距今3400年，出土了46件酿酒用的陶器，包括大陶瓮、大口缸等大型容器，陶尊、陶壶、陶豆等盛酒器，煮粮食用的“将军盔”、陶鬲，以及灌酒用的漏斗，“将军盔”底部都有烟熏痕迹。在该遗址48号残瓮内储存着8.5公斤灰白色水垢状沉淀物，经中国科学院微生物研究所的专家鉴定，“形态与大小很像酵母菌的细胞，有的细胞尖端很像酵母菌将要出芽的现象”[22]。后来证明这是人工培植的酒曲酵母，是目前世界上发现的年代最早的酒曲实物。这处酿酒作坊遗址则是目前世界上发现的最早、最完整的大型酿酒作坊遗址。

中国人用酒曲酿酒的复式发酵法，是古代微生物利用的一大成就。古人利用各种不同的酒曲，酿造出不同风味的发酵酒和蒸馏酒（白酒），使中国酒类成为世界上品种最多、味道最丰富的含醇饮料。随着中外经济文化交流的发展，这一技术逐渐向周边国家和地区传播，传到日本、俄罗斯、印度、泰国以及南洋地区，丰富了这些国家和地区的酒文化。在欧洲，19世

锢漏匠

纪90年代，法国人卡尔迈特氏研究中国的“酒药（即酒曲）”后，发现了多种霉菌，并将其应用于酒精工业中，改变了其自古沿用的先用麦芽糖化谷物、再加酵母菌发酵成酒的单边发酵法，对欧洲发酵工业和酶制剂工业产生了非常深远的影响。

西周以后的历代统治者，都把酤酒与民生联系在一起。当风调雨顺、粮食丰盈时，朝廷就鼓励酿酒、酤酒、饮酒；反之，灾害频繁、粮食不足时，就禁止酿酒、酤酒。

农业的发展为酿酒、酤酒、饮酒提供了物质基础，而铸造技术、金属镶嵌技术、玉器加工技术和陶瓷技术的发展，为酒器的制作提供了前提。同时，两汉时期诸侯贵族追求奢华、骄奢淫逸的生活，为饮酒宴乐提供了需求。从此，酒作为一种古老的饮料，开始向博采、行乐领域延伸，丰富了饮酒宴乐的文化内涵。

西汉时期，石家庄属常山宪王刘舜和中山靖王刘胜属地，继承和延续了战国中山酒风。两国凭借优越的水土条件，在种植业和手工业长足发展的基础上，发展酿酒业。中山出好酒名冠两汉，流传后世。东汉经学家郑玄为《周礼·天官·酒正》作注时，特意以中山酿酒法为例，他说：“清酒，今中山冬酿接夏而成。”西晋文学家左思《魏都赋》中有“醇酎中山，流湎千日”的名句。晋代文学家张载在《灵酒赋》中也称：“中山冬启，醇酎秋法。”到南北朝、唐宋时代，中山酒仍是文人们赞咏的美味。南朝梁武帝长子萧统在《将进酒》一诗中写道：“洛阳轻薄子，长安游侠儿，宜城温渠碗，中山浮羽卮。”这是说各地纨绔子弟和浪子游侠都到中山执卮狂饮。北周庾信在《灯赋》中也提到“中山醑清”。这些记载反映了这一带最经典的酒风酒俗，千古传承，豪爽奔放。

东汉建安年间（196—220年），曹操总结河北的酿酒技术，撰《奏上九酝酒法》，系统记载了酿酒过程中用曲的比例和技术：每九斛（一斛相当于十斗）米或十斛米需用曲三十斤。这比《汉书·食货志》记载的酿酒发酵配比有了很大进步，说明酒曲的质量有了很大提高。

唐代是中国蒸馏酒发明推广的关键时期。蒸馏酒技术的发明，是人类文明和科学技术发展的一个重要里程碑，对酒精消毒技术的产生起到了重要的推动作用。

明代医药学家李时珍在《本草纲目》中记述白酒的制作方法：“用浓酒和糟入甑蒸，令气上，用器承取滴露。凡酸坏之酒皆可蒸烧。近时惟以糯米或粳米或黍或秫或大麦蒸熟，和曲酿瓮中七日，以甑蒸取。其清如水，味极浓烈，盖酒露也。”

唐代文献中已广泛使用“烧酒”一词。如白居易有“烧酒初开琥珀香”的名句；雍陶有

糊袼褙、搓麻绳

“自到成都烧酒熟”等诗句；李肇在《国史补》中提到各地名酒“则有郢州之富水……剑南之烧春、河东之干和葡萄……”其中“剑南之烧春”就是剑南道烧制的春酒。这说明唐代已有烧酒。

河北出土的中晚唐和五代时期的酒器，反映出当时人们饮酒数量的减少。1954年在石家庄市郊区振头村北的石邑故城遗址，发现唐元和八年（813年）云麾将军孙岩墓，出土贴花人物釉瓷酒壶一件。其墓志铭为出土文物提供了确切的年代，而釉瓷酒壶则为当时人们的饮酒量提供了实物参考。这件执壶通高16厘米，敞口圆唇，其容量约1000毫升，比现代所用的酒壶稍大。另外在石家庄市晋州市北张里村的一座唐墓中出土了两件带有邢窑瓷器特点的白瓷执壶和白瓷碗。执壶器身修长，椭圆形腹，圆唇短颈，高10.8厘米，口径5厘米，腹径7.3厘米，容量约450毫升，与现代酒壶大小一致。从其体态和容量来看，比孙岩墓出土的酒壶更小，是用以斟白酒的器皿。

北宋时期，真定府的银光酒就已是河北名酒了。如今，银光酒仍然是石家庄的名酒。[23]

1947年11月12日，伴随人民解放军攻克石门，石家庄第一届人民政府收购五家老烧坊，1948年1月组建“公营石家庄酿酒厂”，首张营业证上有第一任市长柯庆施的签名和石家庄市人民政府的印章。

石家庄市制酒厂曾为开国大典做出过贡献，开国大典用的“红星牌”二锅头原是石家庄市制酒厂的品牌，1949年年初华北人民政府支援北京，并派员组建红星酿酒总厂的前身——北京酿酒实验厂，成就了北京红星二锅头的品牌根基。

四、恒州窑瓷器

考古人员在石家庄市井陉县发现十多处大型古代瓷窑群。这些瓷窑群从北朝、隋唐一直延续到明清乃至民国，是目前发现持续烧制年代最长、文化层最厚的瓷窑之一。以往考古学界一直称之为“井陉窑”，实际上，这一地区在隋唐时期隶属恒州，所以称“恒州窑”更为确切。

井陉盆地，古称“太行八陉”之第五陉。“陉”就是山断裂处，太行八陉，就是太行山八个断裂的通道，这些河谷或盆地，都是人类文明肇兴较早的地区。考古工作者在井陉盆地先后发现多处新石器文化遗址，出土了6000年前的古陶。悠久的陶器烧制历史，为窑瓷器技艺

呼啦圈

的发祥奠定了基础。

在井陉县欢喜岭商代遗址中，考古人员发现了精美的白陶，距今3400—3600年，其工艺水平与殷墟发掘出土的贵族用的白陶没什么区别，这里是考古界公认的瓷器肇兴的地方。

历史文献留下了许多关于真定瓷窑的记载。《金史·地理志·河北西路》记载："真定府，产瓷器、铜铁。"《乾隆正定府志·卷十二·物产》明确地说明："正定府产瓷器，缸坛之属也，明时充贡，出井陉。"

1989年10月，河北省文物局专家在井陉县发现东关、河东坡、东窑岭、梅庄、南秀林、冯家沟、南陉、北陉、南防口等三大片九处瓷窑遗址，总面积超过160万平方米。1993年至1999年，考古人员又分别对瓷窑遗址进行三次发掘，出土的瓷器，震撼整个文博界，震惊全国，令世界各国博物馆和古瓷器收藏者，重新审视他们瓷器藏品的真正产地。

2000年冬天，故宫博物院瓷器鉴定专家耿宝昌来到井陉，看到规模宏大的瓷窑遗址和出土的瓷器感慨道："井陉窑完全可以与邢窑、定窑、磁州窑并列为'河北四大古窑'。"

唐代恒州白瓷一举替代传统青釉瓷而成为主导产品。而煤炭的使用，进一步促进了白瓷的发展。1987年夏天，井陉唐代瓷窑发掘出煤块，同时在窑口挖掘出一堆烧过的煤渣，证明早在唐代时这里已使用煤炭做燃料。煤炭不仅可以更快提高窑温，缩短瓷器烧制周期，而且能提高瓷窑容量，提升劳动生产率，使井陉白瓷在光洁度、晶润度和白色度方面，达到了"类雪""类银"的程度。

白釉瓷的产生是瓷器烧制的一个里程碑，而且引导瓷器审美的趋向。唐代恒州窑烧制的白瓷艺术品和日用品，成为恒州瓷窑这一时代的主流产品。

1998年，井陉窑出土大量印花模具和丰富的戳印工具。传统瓷窑大部分采用手工拉坯、手工刻画、手工绘画，每件瓷器都是一件纯手工艺术品，若要提高产量，只能靠大量技艺较高的劳动力。井陉窑地处商贸通道，是古代西往长安、南通洛阳、北上涿郡、东达渤海的瓷器产地，需要更先进的瓷器制作工艺以提高产量，于是技师们发明了效率更高的模具和戳印装饰技术，大大提高了劳动生产率，满足了太行古道上瓷器贸易的需求。宋金时期开始使用模具批量生产瓷器，而且制作了多种图案的戳模，成为其装饰特色之一。

模具的使用不仅提高了劳动生产率，也开启了瓷器艺人更大胆的创作。他们把前人沥粉描绘的"出筋""凸线"纹饰，用于模具制作中，创造了新的辉煌历史。

扛大个

随着唐代佛教禅宗文化盛行，北方瓷窑也被佛教文化浸润，恒州、邢州、磁州窑都创作了一些与佛教相关的瓷器，如莲叶状笔舔、覆莲纹的瓷盏、莲叶状温酒尊等。

《故宫博物院院刊》（1995年第1期）刊发了著名古瓷器专家冯先铭先生的文章《宋“天威军官瓶”考》，考证了故宫博物院收藏的刻有“天威军官瓶”字样的瓷器，是井陉窑的官窑瓷器。

在大英博物馆、纽约大都会艺术博物馆、瑞典国家博物馆、英国达维德中国艺术基金会等重要的国际收藏机构收藏的中国瓷器中，品种几乎囊括了沿着古老丝绸之路和海上丝绸之路、瓷器之路而来的中国所有窑口的瓷器，其中不乏恒州窑的瓷器珍品。

这些收藏在世界各地博物馆和艺术馆的井陉窑的瓷器，都是通过丝绸之路和海上丝绸之路，运到东亚、西亚和欧洲、美洲各国。古老的丝绸之路和海上丝绸之路把太行山的瓷器文明带到世界各地，引发了世界范围的餐饮器的革命，使得人类逐渐告别了传统的青铜器和金银器，也由此摆脱了重金属通过餐饮器进入人体给人类健康造成的危害。随着太行山瓷器沿着丝绸之路和海上丝绸之路传到西亚和欧洲各国，西亚地区和欧洲各国贵族的平均寿命得到提高，这是丝绸之路和海上丝绸之路为人类健康和文明做出的伟大历史贡献。

近代，井陉县南横口村的古瓷窑仍然烧制各种大缸、咸菜罐、餐具，供石家庄一带民众生活之用。新中国成立后，井陉县组建了第一、第二陶瓷厂，陶瓷成为该县的特色产业之一。改革开放以来，这些陶瓷厂不断发展，产品出口日本和东南亚各国。1996年7月，井陉县第一陶瓷厂改制为有限责任公司，更名为石家庄市原火陶瓷有限责任公司。

恒州窑瓷器在石家庄流传千年，远销世界各地，也为石家庄人留下了丰厚的文化遗产。因此，石家庄人收藏瓷器在收藏圈里非常有名。大街小巷、古玩市场，到处都有历代恒州窑的瓷器古董。由此，石家庄也就成为瓷器收藏品交流和交易的繁荣之地。早在改革开放初期，石家庄市棉一立交桥下就成为以瓷器为主的古董交易市场。随着城市发展，石家庄先后创建了古韵文化市场、怀特茶文化市场、世界湾古玩市场、谈固东街古玩市场等以古玩为主的收藏品专业市场，受到嘉德、嘉宝等多家大型古玩拍卖公司的青睐。这些公司经常到石家庄举办拍卖品预展会，带动了石家庄本地拍卖企业的发展。

鸡贩子

第二节　商贸风俗

石家庄商贸风俗与深厚的历史文化有关，从商贸文脉来说，石家庄是中国最早的商民聚居地，是华商始祖王亥祖先契的发祥地。西周初期，这里是殷商遗民聚居地，是商贸文明最发达的地区。战国时期中山国市井繁荣。唐宋时期，这里是中原与北方民族开展丝绸贸易、茶叶贸易的重要地区。近代以来，在石家庄城镇化进程中，商业贸易发挥了重要作用。改革开放以来，石家庄成为华北重要的小商品、服装集散地和物流中心，诞生了南三条、新华集贸两大市场，南三条市场曾多次跻身全国十大市场行列，石家庄也成为华北重要的商贸物流中心。

一、历史印记

石家庄号称北方商埠，不仅具有货通天下的物流产业和名商巨贾，而且拥有著名的商贸文明的历史品牌。

1.“商人”祖先肇兴之地

公元前21世纪到公元前16世纪，太行山东麓的平山是先商部族生活的地区。[24] 商汤七世祖王亥因为饲养牛、马，开启了与北方易水流域的贸易，所以被称为“华商第一人”。中国商业贸易历史都是从王亥易于有易氏写起。

王亥迁徙到商（今河南商丘），赶着牛、马到祖先发祥地以北（今雄安新区临易故城遗址）与有易氏进行贸易，有易氏酋长带人杀了王亥，抢夺王亥的牛马。王亥之子带领商人出兵消灭有易氏。从此人们把王亥部族称为“商人”，商人从事的活动称为“商业”。

从藁城台西商代遗址出土的遗物看，台西商文化与甘肃等地的文化也有关系。藁城台西商代遗址酿酒作坊出土了草木樨种子，这种草木樨既可酿酒，也可做醋。草木樨酿酒只在甘肃曾有报道。藁城台西商代遗址出土的草木樨可能来自甘肃等地。[25]

2. 春秋战国沙丘殷纣地余民聚居区

战国时期中山国的商业繁荣，与中原诸国都有贸易往来。《左传·昭公二十二年》记载：

纺织女工

“荀吴略东阳，使师伪籴者，负甲以息于昔阳之门外。”荀吴既然能想到让军队伪装成贩运粮食的商队，可见中山国一带粮食贸易非常普遍。《史记·货殖列传》记载，中原两个繁荣的城邑温（今河南省温县西南）、轵（今河南省济源市南部）都曾“北贾赵、中山”。石家庄及其周围各县的中山国遗址中出土的大量燕、齐等国的刀币和赵国布币证明，战国时期这一带与邻国间贸易频繁。中山国墓群中出土三角文犀器座，说明中山国与楚越（这种犀当时栖于这一带）有直接或间接的贸易往来；尤其是出土的玉器，制作材料来源极广，据鉴定有新疆子玉、辽宁岫岩玉、河南独山玉及张家口北部新河地区玛瑙等，表明中山国对外贸易范围甚为广远。

中山国商业的繁荣与兴旺，增强了农业与牧业、农牧业与手工业之间的物质联系，加强了其与中原各国经济文化交流。那时金、银已具备货币的某些职能。石家庄平山县、灵寿县战国中山国墓葬出土的金贝、银贝证实，当时金、银已进入货币领域。

1982年6月，在正定县东吉村村北1公里距地面70厘米深处，发现了一处重要的战国窖藏遗址，出土战国货币775枚，其中布币480枚、刀币295枚。各种货币排列整齐有序，用绳索捆绑。这是石家庄市境内发现的年代较早的窖藏遗址，对研究战国时期金属货币的流通具有重要参考价值。

中山国的货币，以刀币为主，兼用布币。战国早期中山国沿袭鲜虞尖首刀币，铸行体形较轻小的尖首刀币，刀币一直使用至公元前406年中山国被魏国所灭。战国中期桓公复国后，中山国除流通或仿铸燕、赵两国刀币、布币外，为适应货币经济的需要，亦开始铸行中山国特有的“城白”圆首刀币。

3. 秦汉商贸市邑繁荣之区

秦灭六国，修驰道，通水运，打破诸侯割据的局面。统一货币、文字、度量衡，车同轨，废除原来各国的刀币、布币、贝币，统一为外圆内方的圜钱，方便了商业贸易活动开展，促进了商品流通。秦代的货币分为两等，黄金为上币，重一锭（20两）；铜为下币，重半两。秦朝还规定“珠玉、龟贝、银、锡之属为器饰宝藏，不为币”[26]。但秦代继承了商鞅“重本抑末”的政策，限制私人的商业活动。《汉书·食货志上》评价秦朝，“专川泽之利，管山林之饶”，“田租口赋，盐铁之利，二十倍于古”，几乎所有资源的经营权，都归朝廷所有，因此，获得的经营之利，超过古代二十倍。

拉洋片

正是由于民间贸易活跃，各地市邑逐渐增多。东汉王符在《潜夫论·浮侈篇》中说："天下百郡千县，市邑万数。"可见，进行商业贸易的市邑要比县城多得多。一个县内肯定不止一座市邑。

《汉书·常山宪王传》记载，常山宪王刘舜的嗣子刘勃在其父王病故时，"与女子载驰，环城过市"。可见当时常山国都城（今石家庄市元氏县）城内，设有进行商贸活动的"市"。

《史记·货殖列传》记载，在当时各地的市中，进行商贸活动的有二三十个行业。餐饮所用的商品有谷物、果菜、肉食、水产、酒类等；衣物类的有帛、絮、细布、榻布、皮革、裘皮等；烧制用的有薪；家居用的有竹器、木器、毡、席等；交通工具有船、车以及驾车的牛、马；手工业生产用的原料有竹、木材、漆器、丹砂；奢侈品有珠宝、金银器、玉器以及远方运来的珍宝。

随着商业贸易的发展，算筹等运算工具广泛应用于商贸活动之中。20世纪60年代后期，在石家庄市中山路修建白求恩和平医院的施工过程中，出土一组汉代算筹。[27]算筹是算盘产生之前主要的运算工具，证明当时这一地区的贸易活动频繁。

汉武帝时，为了消除货币混乱的局面，遏制诸侯王在封地内铸币，禁止民间铸钱，把铸造发行货币的权力集中到国家手中，元狩五年（前118年），废除半两钱，行五铢钱。1972年，在石家庄市长安区东古城的汉代真定故城遗址中，出土了西汉五铢钱范。钱范分大小两种，范背有弓形柄，大者每次可铸钱16枚，小者每次可铸钱14枚。[28]

当时的常山郡、真定国民间商贸比较发达，桑弘羊在《盐铁论·通有》中说：邯郸到常山、真定一带的赵国、中山故地，"带大河，纂四通神衢，当天下之蹊，商贾错于路，诸侯交于道，然民淫好末，侈靡而不务本"。这一带民众弃农经商者较多，与司马迁在《史记·货殖列传》中对这一带民风和商贸情况的记载基本一致。

王莽篡位后的新莽时期（9—23年），废除五铢钱，铸造"货泉""大泉""金错刀"等货币，出现了"凡宝货五物、六名二十八品"[29]的货币体系，造成极大的混乱，影响了正常商贸活动。据光绪《正定县志》记载，清光绪年间，东古城（今属石家庄市长安区），"农人为打坯入地二尺许，见一瓦缸，有古钱不计其数，……约得二十余千钱，皆红铜，背面篆'货泉'二字"[30]。货泉是当时的主要货币，一个窖藏中出土如此多的新莽货币，说明这一带商贸活动金额可观。

刘秀在河北称帝，建立东汉，废除王莽时期的货币，重铸五铢钱，促进经济的恢复和发

选布匹

展。民间商贸流通得到发展。有许多人"舍本农，趋商贾，牛马车舆，填塞道路，游手为巧，充盈都邑。务本者少，浮食者众"。"天下百郡千县，市邑万数，类皆如此。"[31]

4. 货通天下的东西方商道

东魏、北齐时期，由于商业贸易的发展，铸钱渐多，私铸之风亦甚。北齐文宣帝高洋天保四年（553年）铸行常平五铢钱，统一货币，但私铸钱很快大增，至齐亡不能禁。石家庄一带的世族名流在北齐时期与波斯有过贸易交流。赵郡李元忠曾赠送高澄蒲陶酒。蒲陶酒原产于波斯。《史记·大宛列传》说："安息……其俗土著，耕田，田稻麦、蒲陶酒。"李元忠掌握酿制蒲陶酒的技术，说明当时赵郡李氏与波斯有贸易关系。赵郡李氏与东罗马帝国也有贸易关系。1977年，在赞皇县南邢郭北齐武平六年（575年）赵郡李氏贵族李希宗妻子崔氏墓葬中，出土了东罗马帝国的金币3枚，一枚是狄奥多西斯二世时期（408—450年）的金币，两枚为查士丁一世时期（518—565年）的金币。这些金币可能是被东罗马商人或者西域其他商人带到河北的。

隋炀帝开运河，凿太行，通驰道，又开御道，广百步，"东达于蓟，长三千里"[32]，还在各地广设驿舍，以便商旅。这些驰道、御道、驿舍，都经过北方重镇恒州、赵州以及井陉，方便了商旅交通。

唐代前期，恒、赵、冀、定诸州的丝纺织业发展达到鼎盛时期，交通便捷促进了商贸流通的发展。真定到太原、范阳（今北京）的驿道沿途，"皆有店肆，以供商旅，远适数千里，不持寸刀"[33]。社会安定、治安稳定，促进了贸易的繁荣。开元盛世，天下富足，"斗米贱时才值十三钱"。山东"青齐间斗才三钱。绢一匹，钱二百"[34]。而恒州、赵州、定州的丝绢产量高，质量好，价格便宜。因此，大批商贾从山东青州、齐州运食盐和粮食，到河北恒、赵、冀、定诸州贩卖、购置丝纺织品，促进了地区间物资交流。

安史之乱以后，成德军藩镇割据恒、赵、冀、定诸州，在政治、经济、军事方面，具有很强的独立性。但朝廷颁布的一系列经济政策，也得到藩镇的支持。大中五年（851年），唐宣宗令大都督府置市令一人，掌管市场贸易之事，对于沽酒、茶叶贸易实行官营专卖，这有利于增加藩镇财政收入，藩镇节度使们乐于执行。"茶商所过州县有重税，或掠夺舟车，露积雨中，诸道置邸以收税，谓之'拓地钱'。"[35]大中六年（852年）正月，盐铁转运使裴休奏"诸道节度观察使，置店停上茶商，每斤收拓地钱"[36]。一些富商大贾依靠官府势力，在垄断经营

琉璃喇叭扑扑噔

的酒类和茶品贸易中大发其财。1983年4月22日，在当时的石家庄市郊区南高营村西真定故城遗址附近发现了一处唐代窖藏，出土钱币近5万枚，约重375斤。其中主要是开元通宝和乾元重宝。[37] 1988年3月，晋县（今晋州市）十里铺村民苏卯仁在村西砖窑坑中发现一批窖藏的唐代钱币，共重31公斤，成串地装在陶罐之内。多为唐钱，盛币陶罐的形制也常见于唐墓。这批唐币绝大部分是“开元通宝”，另有少部分是“乾元重宝”。这些唐代后期重要的窖藏证明，当时恒州及周边城垣的一些富商大贾拥有巨额的商业资本。另外，在赞皇县唐代遗址中还发现了大食国（今伊朗）货币，从一个侧面说明当时西域商人已深入到恒州、赵州一带从事贸易活动。

北宋时期，真定是河北西路首府，不仅是宋朝边防物资的重要转运地，也是宋辽边境茶马贸易的重要集散地。北宋朝廷曾在真定设河北西路都转运司。欧阳修、沈括等历史名人都曾经出任河北西路都转运使等职，管理河北地区的贸易和宋辽边境的茶马贸易。

明清时期，这里成为棉、铁等商品的集散地。获鹿被称为晋冀贸易的“旱码头”，是太行山以西各省与华北平原进行棉花、布匹、铁器贸易的重要集散地。

二、近代商贸

近代以来，随着京汉、石太铁路的修建，石家庄商业贸易活动聚集。1907年两条铁路的建成通车，强化了石家庄作为商品贸易集散地的地位。而且由于当时正太铁路与京汉铁路的轨宽不同，不能直接接轨通车，使当地的商品集散转运业异常发达。一直到新中国成立后，商品搬运业仍然是石家庄一个重要的产业门类。

1906年，井陉煤矿在石家庄火车站西南侧创建焦炭厂（新中国成立后改为桥西焦化厂），产品运销京津。20世纪初，山西煤炭开发商在石家庄设立保晋公司分公司，利用其物资商品集散地优势，扩大山西商品贩运南北的贸易范围。1922年湖北楚兴公司投巨资在石家庄休门村南创建大兴纺织有限公司，成为石家庄最早的大工业纺织企业。

一代又一代外来移民，投身这座城市的建设和发展中，引发了石家庄现代城市的肇兴。随着城市的发展，原来几十个村庄融入市区。因此，这座城市是一个包容天下移民、多元文化交流融合的城市。在本地文化与一代又一代移民文化的融合中，石家庄成为一个绝大多数

打扑克

人都讲普通话的省会城市。

多元文化的交融，使这座城市形成了宽容、和谐、包容、开放的民风，愿意接纳外来商品和外来人口。

三、新中国商业肇兴

石家庄是人民解放军解放的第一座大城市，中国共产党在此建立第一个城市政权。1947年11月12日，人民解放军攻克石门；1948年1月1日，石门市改名为石家庄市。1948年中央人民政府的雏形——华北人民政府在石家庄人民礼堂举行成立大会。此后，华北人民政府的财政、商贸、金融、物资等管理机构相继在平山县王子村及其周围村庄成立，并在石家庄创建中国人民银行。

位于石家庄市中华北大街的中国人民银行旧址，是新中国金融事业的发祥地，中国人民银行在这里创立，第一套人民币从这里发行。平山县王子村华北人民政府财政部旧址，是新中国财政事业的奠基地。华北人民政府在这里谋划新中国商贸流通体制，通过有效的商贸流通举措，为人民解放战争提供重要的物资保证。

在这里，中国共产党培养了大批新中国城市管理人才和商贸流通管理人才。石家庄这座英雄的城市，在1947—1949年中国革命和新中国成立之前的历史上，写下辉煌一页。新中国从这里走来，新中国的金融事业从这里走来，新中国的新闻事业从这里走来，新中国的商贸事业从这里走来。管理国家大商贸的中华人民共和国领导人，从这里走进北京。

四、改革开放商贸繁荣

改革开放以来，石家庄占天时、地利、人和之利，把握历史机遇，利用京广铁路和石德铁路、石太铁路交通优势，拥有吸引各地商户的凝聚力，沿着铁路两侧，在市区兴建了新华集贸市场和南三条、青年街等在全国驰名的大型集贸市场，并且随着来自五湖四海的商户迅速增多，商贸流通集散地的历史底蕴和交通物流优势得以彰显。

随着城市功能的优化，石家庄形成了航空交通和陆路交通合理组合的交通便利优势，

南下打工

五洲商贾，四海宾客，撑起石家庄商贸繁荣的大市场，国务院将石家庄列为华北商埠。2007年石家庄进行内陆港建设，大大提高了其对外贸易集散地的地位。

在这片海纳百川、包容天下的文化沃土上，世界各国和中国各地的饮食习惯、生活方式，都受到尊重，都被接受。各地的商人来到石家庄，都能发现新商机，都能找到目标消费群。

改革开放以来，各地的商人来到这里，造就了一大批中小企业；浙商云集到南三条、新华集贸市场，涌现出一大批浙商企业家。在石家庄大型的茶叶市场，经营者有半数都是来自浙江、福建的商人，他们在茶叶经营中赚得盆满钵满。粤商在石家庄红木家具市场上崭露头角，生意越来越红火。各地商人有一个共同的感受，这里是一个包容天下的大市场，一座包容五湖四海的移民城市，一个商人挣钱的福地，一处来自各地的商人平等相处、和谐共赢的天地。

1. 南三条商业街

南三条是全国十大批发市场之一，毗邻京津，是华北地区重要商贸核心，拥有数十年的商业底蕴。位于石家庄市正东路，占地800亩，营业面积65万平方米，拥有太和文化礼品城、太和日化城、新源发小商品特色市场、建国食品城、东方文化商品市场、现代小商品城等25座大型专业商城，经营商户达1.2万户，从业人员3万余人，日客流量达20万人次。经营商品包括针织、百货、食品、日化、五金、鞋类、箱包、玩具、工艺饰品、文化用品、电子产品、图书音像等十二大类，近百万个品种，商品辐射西北、东北、华北等广大地区，成为华北大流通格局的战略支撑点。南三条市场规模大、辐射广、带动能力强，其人流、物流、资金流和信息流的聚散效应与日俱增，形成了“买卖天下、沟通南北”的商品集散格局，成为北方地区最大的小商品集散中心。南三条市场曾多次跻身全国十大市场行列，1999年获“全国小商品市场五强”称号。自2001年起，连续三年荣获“全国百强工业品交易市场第二名”，连续两年荣获“全国三大工业品交易市场”称号，先后获得“中国（首选）十佳工业品专业市场”“全国十大商品交易市场”“中国品牌市场基地”“中国商品交易市场最具影响力奖”等多项国家级殊荣。

2. 石家庄新华集贸市场

新华集贸市场位于石家庄的中心区，东临火车站和石家庄解放纪念碑，西至中华北大街，南临长途汽车站和繁华的商业街中山路，北至北后街并与金融一条街新华路相交融。新华集贸市场是石家庄结合旧城改造纳入城市建设总体规划的第一个专业批发市场，也是河

交谊舞

北省确定的首批6个重点示范市场之一和河北省自主品牌建设重点培育品牌企业。整个市场经营项目以服装为主，还有布匹、电子、鞋帽、日用百货、床上用品、音像制品、副食品等七大行业，5万多个品种。商品主要来自南方的广东、福建以及浙江的柯桥、温州、义乌等地。经营方式主要是批零兼营和厂家直销、代销、包销。

3. 正定国际小商品城

正定国际小商品城总建筑面积达120万平方米，由四大功能区构成：国际仓储物流园（正定北方国际仓储物流园区）、商品交易区（正定国际小商品城）、产业加工区（正定国际商贸文化产业园区）和综合服务区（石家庄正定长途汽车客运站），是河北省大型现代商贸物流项目，也是北方单体面积最大的国际商贸文化产业集群。

中国石家庄（正定）国际小商品博览会，以“融合商机、彰显魅力、协作发展、互动共赢”为宗旨，是集商贸、会展、交流、合作功能于一体的国际性盛会，自2008年开始举办，先后荣获“中国最具成长性的品牌展会”“中国十大最具发展潜力品牌展会”“‘中国会展之星’品牌展会奖”“全国政府主导型展会50强”“中国十大品牌展览会”“中国十大优秀专业展览会”“中国十佳优秀特色展会”等殊荣。

石家庄是一座具有悠久商贸传统的城市，石家庄的商贸传统从历史久远的商朝先民走来，从战国时期的中山国走来，一直走到今天。如今，这里仍然是著名的商贸之城，也成为电商企业聚集之地。

注释

①白寿彝：《中国通史》（第三卷），上海人民出版社，1994。

②梁勇：《试论正定的历史地位和人文精神》，载《让“千古之美”重绽光芒》，文物出版社，2011。

③《三国志·魏志·武帝纪》卷一。

④《通典》卷七《食货七》。

⑤杨俊科、梁勇：《大兴纱厂史稿》，中国展望出版社，1990。

⑥中共中央马克思、恩格斯、列宁、斯大林著作编译局编《马克思恩格斯选集》（第四卷），人民出版社，1972。

⑦中共中央马克思、恩格斯、列宁、斯大林著作编译局编《马克思恩格斯全集》（第二十一卷），人民出版社，1972。

⑧苏荣誉、刘来成、华觉明：《中山王礨墓青铜器群铸造工艺研究》，《礨墓——战国中山国国王之墓》附录一，文物出版社，1995。
⑨《史记》卷一百二十九《货殖列传》。
⑩华觉明、杨根、刘恩珠：《战国两汉铁器的金相学考查初步报告》，《考古学报》1960年第1期。
⑪《盐铁论·错币》。
⑫《汉书》卷二十八《地理志上》。
⑬《三国志》卷六《魏书·袁绍传》。
⑭《文献通考·刑考三》。
⑮《太平御览》卷二十四引《魏略》。
⑯《三国志》卷二十四《魏志·韩暨传》。
⑰《三国志》卷二十四《魏志·韩暨传》。
⑱光绪《获鹿县志》卷十三《金石》。
⑲《册府元龟》卷五十四。
⑳在敦煌莫高窟现存的壁画——《五台山图》中，标注着“镇州大悲寺”。光绪《正定县志·杂记》和《佛祖统记》等文献记载，大悲寺在后晋时被焚，寺中大悲菩萨铜像，“周世宗毁以铸钱。”这充分证明，该寺铸铜的大悲菩萨像，铸造于唐代，五代时期被毁。它是五台山进香道上的恒州名刹和著名铜造像寺院。
㉑《新五代史》卷十二《周世宗本纪》。
㉒河北省文物研究所编：《藁城台西商代遗址》，文物出版社，1985。
㉓梁勇、梁清华：《河北酒文化志》，中国对外翻译出版公司，1998。
㉔邹衡：《夏商周考古学论文集》，文物出版社，1980。
㉕唐云明：《唐云明考古论文集》，河北教育出版社，1990。
㉖《史记》卷三十《平准书》。
㉗河北省博物馆、文物管理处编：《河北省出土文物选集》，文物出版社，1980。
㉘河北省博物馆、文物管理处编：《河北省出土文物选集》，文物出版社，1980。
㉙《汉书》卷二十四《食货志下》。
㉚光绪《正定县志》卷末《杂记》。
㉛《后汉书》卷七十九《王符传》。
㉜《隋书》卷四《炀帝纪下》。
㉝《通典》卷七《食货七》。
㉞《新唐书》卷五十一《食货志一》。
㉟《文献通考》卷十七《征榷考四·榷酤》。
㊱《旧唐书》卷四十九《食货志下》。
㊲李胜武：《石家庄市郊区发现唐代窖藏钱币》，《考古》1985年第4期。

第三章　生活习俗

衣、食、住、行是人类的基本生活需求。在古代，石家庄人衣、食、住、行相当简陋。随着生产方式的变革与发展，石家庄人生活水平不断提高，生活风俗也不断变化。

第一节　服饰习俗

服饰是人类文明的标志之一。不同时代、不同地区，服饰有着不同的特点。它和社会风尚、物质生活基础、意识形态、经济地位等密切相关。从旧中国到现代，石家庄人的服饰风格发生了翻天覆地的变化。

一、衣服款式

清末，石家庄作为近代城市崛起之时，除火车站附近比较繁华外，周边还是农村。直到民国初期，男女老幼，衣色还以青、蓝、黑为主。衣料种类，按家庭经济状况而定。富户人家的衣料多是绸缎皮纱等，最低也是洋布（细纺的棉布），且绣以花卉。衣式以长袍、长衫为礼服。出门做客，外加马褂，以示庄重。而贫苦农民和大量进城的劳工，多穿自家手工纺织的土布加以粗染制作的衣服。男性不论长衫、短袄、内衬、外罩，一般是圆领和大襟，从脖领处至右臂下缀铜扣或结蒜疙瘩扣。除夏季外，多是短袄、长裤。大襟式有长袍子，单的叫衫子（或大衫儿）。冬季上身穿短的棉袄，单的叫褂子。还有很多劳工买不起新衣服，就到旧衣服市场

暖暖袖

买一些旧衣物。因此，在石家庄村（今新华路东段北侧）的大桥街和南大街都有估衣店，还有一条估衣街，形成了专门的估衣市场。

民国初年，除少数富户男子穿绸缎和细洋布长衫、马褂外，一般民众的衣料均为当地出产的粗布（又称土布）。而且大都是周边农家自家种植棉花，自家纺织棉布，自家用传统矿物或植物染料进行染织。夏季男褂多为小圆领，对开襟（少数人沿袭清代的偏大襟），缀五对蒜疙瘩扣，口袋（多为双）明缝于前襟下部。女褂仍为清代流传下来的款式：小圆领，偏大襟（一般偏向右侧），自领口顺右前肩、腋下，沿大襟缀五对蒜疙瘩或铜制纽扣，并在大襟覆盖的小襟上缝个口袋，右手自腹下向前下侧插进装取东西。男女单裤同式：宽腿大裆，另上五六寸宽的裤腰。穿时于前面折叠掩紧裤腰，系上由粗线织成的厚布腰带，俗称“掩腰裤”，前后不分，一样能穿。男子夏装多为原白色或紫花色；女子兼有浅蓝色、蓝色诸色以及白底蓝线条或蓝方格诸款。冬季穿棉袄、棉裤（内絮熟棉），肥大臃肿，男女款式悉如夏装，颜色多为蓝、黑，口袋缝于前襟内层左右两侧（女子只留一个），开口于腹下的顺手部位，插手很方便。有的男子外套件是偏掩大襟、长至脚踝的棉大袍，或是较小棉袄稍肥大，而前后左右均留衩口的对襟“扼领带”。老年人还习惯在棉袍或“扼领带”之外，系一条粗而长的布腰带，俗称“战带”。经常推车挑担的或其他脚力劳动者好穿“衩裤”，其样式如棉裤，裤脚前面及两侧与裤腰连接，后面臀部全部暴露，穿此裤必须内套单裤。女子棉袄外面常套件布衫，其色多为浅蓝色或靛蓝色。春秋穿夹袄、夹裤，其样式、颜色均如冬装，除夏季年轻人不绑裤腿外，其余季节，人们均习惯用寸宽、二尺半长的黑色绑腿带将裤管下端缠扎，俗称“绑腿”。

婴儿夏季穿“兜肚”，颜色多为红或绿；冬（棉）及春、秋（夹），穿露屁股的“连衣裤”，上衣后襟带个能护住臀部的大尾马（或另做一块护臀布，上面系于腰）；三五岁间，夏穿带松紧绳的裤衩，冬及春、秋穿豁裆“连衣裤”，肩上相连，暴露胳膊，另穿小袄；六七岁开始穿“掩腰裤”，对襟上衣，和大人的服式相同，仅颜色较之鲜艳，“缯花”较普遍。

20世纪20年代起，改穿对襟褂的多起来，城镇青年逐步流行穿西式裤，即“一面穿”带左右兜的裤子；1931年以后，城镇男子流行穿列宁装、中山装。妇女兴穿褶子罗裙，但较少。

新中国成立后，随着经济发展，人民生活水平提高，城镇青年男女，特别是干部、职工、

斗篷

中学生衣服式样变化很大。男干部穿中山装、军便服，中学生穿制服，工人穿劳动服，女干部、职工穿列宁服。冬季，无论男女大都穿翻领短棉大衣。“文化大革命”期间，青年男女夏秋季多穿绿色军服，冬季则穿绿色军大衣。

20世纪80年代，服装趋向多样化。中青年男子上衣多穿西服、夹克衫、港服，下衣多穿筒裤、喇叭裤、牛仔裤、老板裤等。冬季，中青年男子多穿皮夹克或呢料大衣，中青年女子多穿高档皮衣。夏季，中青年男子多穿短裤、衬衣或带袖汗衫，中青年女子多穿短袖衫、裙子、旗袍、短裤，着长筒丝袜。

20世纪90年代以来，服装更加丰富多彩，款式追求个性化，面料追求舒适感，而且讲究搭配、协调，款式各异、缤纷多姿的时装充斥着人们的视野，装点着城市的街道。

二、鞋袜

石家庄人世代传承手工做鞋的手艺，做鞋是传统家庭妇女的重要活计。民谚云“男人莫忘秋剎地，女人莫忘伏纳底”。数百年间，每年伏天，妇女们趁气候潮湿，搓麻绳、纳鞋底，准备做鞋之用。清末民国初期，春、秋、夏三季，鞋子多为深色、黑色，男子普遍穿低帮“双脸”鞋，前头平缀两道鼻子，故又称“双鼻子夹鞋”，后跟立缀一道皮脸，线纳鞋底，麻绳纳底儿，底面平直，两脚可以换穿。后逐渐改为玄色、圆头、低帮的布夹鞋，俗称“馒头鞋”或“没脸鞋”。小脚妇女穿尖尖鞋，圆口或尖口，后跟稍高；大脚妇女穿绣花鞋，鞋面和鞋帮绣有各式花朵。冬季多为蚌壳形的棉鞋，男女皆同。

新中国成立后，一度盛行“绑带鞋”。女子兴“挎篮鞋”，穿着合脚，但绑带系扣麻烦。以后又兴起了带松紧口的“懒汉鞋”。鞋面的布料有帆布、条绒、平面绒、礼服呢等。20世纪60年代以后，各种式样的塑料底鞋、皮鞋以及凉鞋、雨鞋、球鞋等不断上市。

过去，多数人家穿自家做的粗白袜子，富有人家的年轻妇女开始穿针织线袜。“穿坤鞋，洋袜袜，里绑腿，外扑拉”，就是形容当时女子穿上线袜，不绑裤腿，故意使其露出的爱美之态。新中国成立后，针织线袜兴起，初为长达膝盖的高腰袜，需用袜带系住，后变为低腰袜，状如现在的袜头。各种针织线袜，穿着都要上底，“袜子不上底，穷人穿不起”。袜底上绣有各种图案或花草，年轻妇女互相模仿、攀比，显示各自的女红手艺。

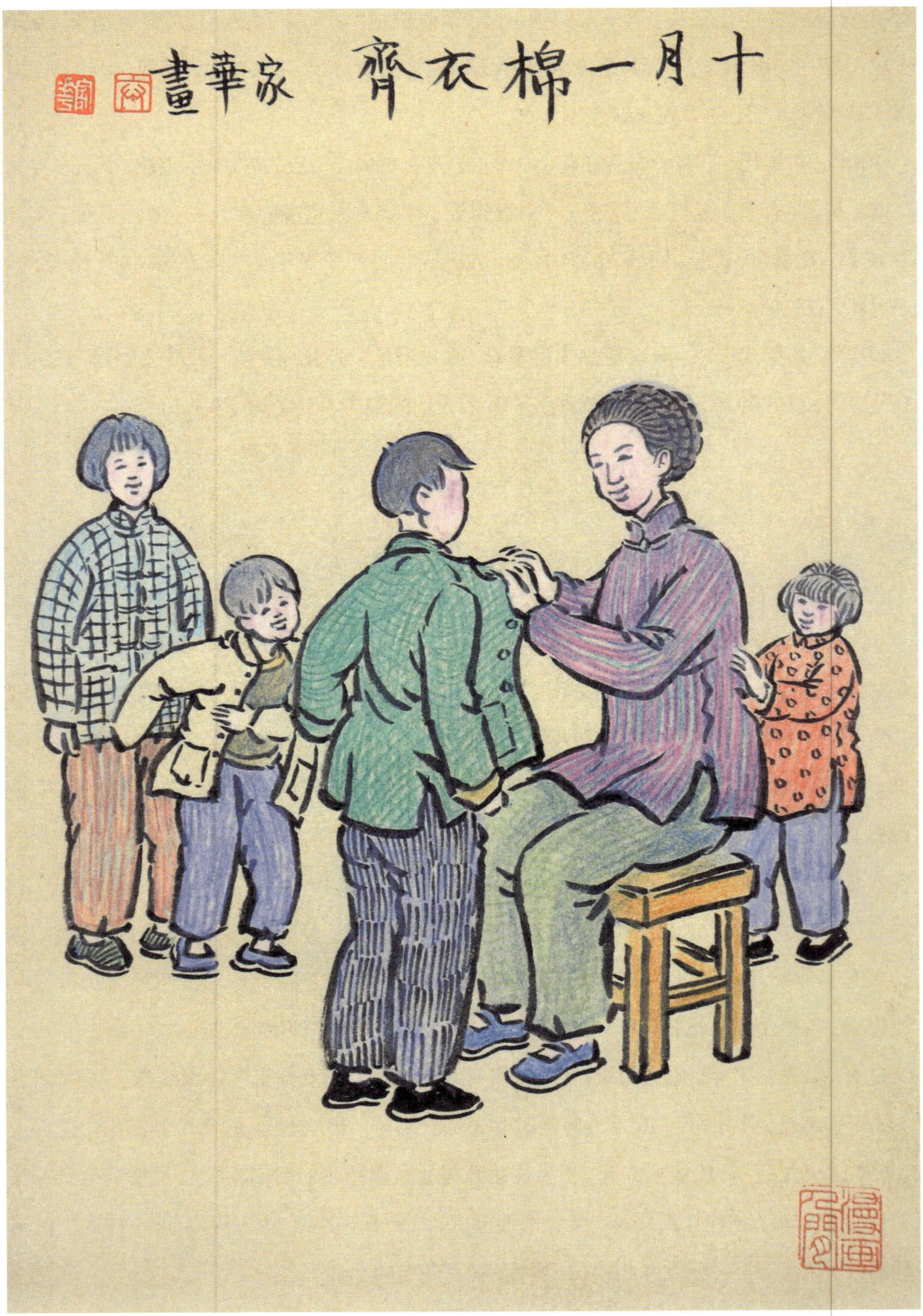

十月一棉衣齐

20世纪70年代后，各种花色的维尼伦丝袜取代了棉线袜子，样式美观，穿着舒适，结实耐用。现在，回归自然和崇尚舒适的心理使人们对纯棉袜情有独钟，而各种各样的丝袜则为爱美的女士提供了很大的选择余地。

三、帽子、头巾

在石家庄的历史上，最初农村男子习惯在头上包扎一条白色毛巾。相传包白头巾是为了纪念赵云。《三国志·蜀志》记载：赵云“字子龙，常山真定人”，被封“顺平侯”。正定民间流传着一首歌谣：“常山百姓缠白头，为的是纪念顺平侯。”

老年人大都戴帽壳（瓜皮帽），孩子们大都戴粗布圆帽或毡帽头。妇女则在头上包一块蓝布或青布。新中国成立后，妇女都开始戴上了围巾，有方形、长方形，现在款式更多，有毛围巾、纱巾、马海毛巾、真丝巾等。还有年轻姑娘喜欢戴帽子，圆形的、八角形的，有檐的、无檐的，头顶有绒球的、有小橛橛的。

市区的男子春、秋两季一般只戴瓜皮帽，俗称“瓜壳”；冬季加戴露瓜皮顶部、下护双耳及脖颈的“麻护”，或者戴“毛脸筒”帽；夏季外出和下地时，戴自制的麦秸草帽或苇蔑凉帽。少数士商则戴礼帽、三块瓦皮帽和巴拿马帽。

中老年妇女除夏季以外，常戴前缀朴素帽花的箍帽和包包帽（又称老婆帽），或者缠扎五尺多长的黑色手帕。少女戴华丽的箍帽：或红或绿或紫或蓝，前面高起，上绣花朵、云勾，下垂黑丝流苏如发帘，双侧绣有流云、走水等图案，后边带有一个宽约半尺，长六七寸的帽尾披肩，全帽彩绦裹边，戴上露头顶。小女孩戴仅有刺花、流苏而无帽尾的箍圈；小男孩戴前饰虎面而不露头顶的“麻护”彩帽，上边交叉缀上两条绦带。

抗日战争时期，男子不分老少，均戴棕色或白色毡帽。里层剪开，天冷时掀开里层，盖住耳朵。新中国成立前后，男女都蒙羊肚手巾，男子白色，女子花色。20世纪50年代中期，男子开始戴军帽（多为灰色），围针织长围巾，女子用方形线巾（酱色或蓝色），对折成三角形，蒙在头上。“文化大革命”期间，兴起戴绿军帽之风，年轻女子戴此帽的亦不少。20世纪80年代，男子戴多种呢料的蓝、灰色鸭舌帽，青年女子还围红、蓝、绿等各色毛料长围巾。进入20世纪90年代后，花样年年翻新，特别是女子礼帽、围巾花色层出不穷，新潮不断。

替鞋样儿

四、发型、首饰

清代，男子留长发，梳单辫于背后。姑娘前额留有“刘海儿”，后梳单辫，出嫁时挽成发髻，用线绞去脸上的汗毛，俗称“开脸”。中华民国成立之初，当局令乡镇女青年剪辫子。辛亥革命后，少数官宦子弟和在外读书的青年开始剪辫分发。修分头、平头者渐多，城镇男子开始剪成齐脖刷；中老年男子多剃光头，少部分是平顶、圆头，后通行为三七分西发。姑娘们开始由单辫改为短发或梳双辫于背后；媳妇剪去发髻，多为“一刀齐”。女孩子后面剪“半月亮”或养辫子，后为“拨浪鼓”“犄角辫”。

乡村男孩多为“前不丢儿”，或前脑门、后脑勺各留一小片头发，或是头顶、下半部都剃去，绕头留发一圈；迷信者因恐不长寿，也有为孩童蓄小辫的，以至十二三岁还不剃去。成年男子剃光头者也不少。

过去，女子出嫁后梳成“年屎颡”叫盘头，五十岁以上梳“纂儿”。20世纪30年代开始，男女发型增多，绾发髻和剃光头的减少。20世纪50年代，城镇男女青年出现火烫发，60年代开始有电烫，80年代后吹风、化学烫传入。而今，各种档次的美容美发屋的美发师为人们设计适合自己的发型，而款式繁多的假发则为爱美者提供了追求时尚而又简单易行的方法。

清代至民国初期，妇女盛行的首饰有簪、钗、耳环（坠子）、金戒指（俗称镏子）、银镯子等，这是姑娘们出嫁的必备饰品。耳环、头簪种类繁多，富家女孩还有项链等饰品，均因贫富有异而质地相差悬殊。

民国中后期，发髻饰品逐渐减少，“文革”期间绝迹。改革开放以来，城镇女青年戴耳环、戒指、项链者大增。现在除金、银首饰外，木质、石质、玛瑙、琥珀等多种个性化饰品广为流行，尤为年轻女性所喜爱，仿真饰品以其款式新、价格低也风靡市场。

女人闲织毛线

第二节　饮食风俗

新中国成立前，石家庄的民众饮食常年以粟、黍等粮食作物为主，伴以糠菜。农耕时节每日三餐，农闲季节大多仅食两餐。逢年过节或麦熟时节，迎亲待客用小麦作细粮。富裕人家除过节外，伏日多食细粮，平时多食谷物。谷子稍碾，称“二八米”，带着一部分糠用来蒸干粮、做主食。贫苦人家则是“糠菜半年粮”，但讲究粗粮细做。

一、饮食品种

石家庄作为粟作农业的发祥地，长期以粟类粗粮为主食。但在长期生活中积累了很多粗粮细做的花样做法。

锅贴饼子：一般用玉米面或高粱面、谷子面、山药面、谷糠面等和面（玉米面和谷子面都要先用开水泼面），锅热后贴于锅边，饭熟饼熟，挨锅一面烤焦成黄褐色，酥脆可口。

菜饼子：在玉米面或红薯、玉米混合面中掺入萝卜丝、柳树叶、榆钱、榆叶，和面蒸成饼子，蘸蒜或就辣椒食用。

黏饼子：用黍米面做成饼子，将红枣摁在饼子上，蒸熟食用，黏甜可口，一般在春节食用。改革开放以前，有时用棉花籽油煎炸上顿剩下的黏饼子，外焦里嫩，甜香可口。改革开放以后，食用油开始讲究环保健康，棉花籽油被淘汰了，逐渐食用豆油、玉米油、花生油和调和油。

豆渣饼：豆腐渣掺玉米面或高粱面，再加花椒大料面及少量食盐，和面捏成饼子（比锅贴饼子个小），蒸熟食用。过去，每逢过年家家做豆腐，豆渣饼是春节期间的主食，生活富裕点的加玉米面，生活差点的加高粱面或细糠面。

包甜饼：枣面掺水调和，用“水磨面”“疙瘩面”或玉米面做皮，捏成饼子，蒸熟食用。

柿子饼：用玉米面掺黄米面，用软柿子和面，捏成饼子，蒸熟食用，黏甜可口。

菜团子：用玉米面或玉米面、高粱面混合做皮，把萝卜丝、南瓜丝、北瓜丝或干菜、白菜

纸绳纸盒纸包装

剁烂，加油盐做馅，包成圆团，蒸熟后就醋和辣椒食用。

豆包：红小豆、豇豆或绿豆，加红枣或山药（有红白糖更好），煮烂搅匀糗成馅，用稷米面或白面做皮，包成圆形，上锅蒸熟食用。

稷面馒头：稷子用碾子去皮，再碾成面，做成馒头。做法与小麦面馒头一样。

银裹金花卷：黄玉米面、白面各擀为片，黄面在内，白面在外，卷好蒸熟，即为花卷。

黏火烧：石家庄是传统粟作农业区，盛产黍子，因此，人们用黍子制作各种面食。用黍米面或黏高粱面做皮，枣泥或红糖做馅，包好后压成扁圆状，在煎盘内涂油，煎熟食用。

年糕：以黄米面或糯米面掺枣摊于笼箅，蒸熟切食，既黏且甜。

缸炉烧饼：以白面为原料，加入鸡蛋、油盐，制成瓦状，外撒一层芝麻，在陶土炉中贴烤烙熟。

油酥烧饼：以油和面，制成圆形烧饼，蘸上一层芝麻，在铁鏊上烙熟。也有用发面做的，较暄；也有加入火腿肠泥或糖馅的，称作黄桥烧饼。

煎饼：将玉米面、小米面、荞麦面或高粱面调成糊状，在煎盘里摊成薄薄的饼，用肉汤或菜汤烩着吃。

合折饼：稷米面发酵，加水拌成糊状，倒入合折锅内摊匀，烙成焦黄色，熟后趁热对折起来，挨锅有油的一面在外。

肉合子：以软面为皮，内包肉泥菜类馅，在煎盘上炸煎熟后食用。

苦垒：以野菜、青菜、榆钱、榆叶、洋槐花等，掺上玉米面或高粱面，加水放到锅里蒸，熟后拌蒜泥或辣椒食用。

拿糕：谷糠细面掺少许榆皮面，放入锅内加水成稠糊糊，状如糜，弄到碗内用箸崴着吃。故俗有“拿糕不能拿”的说法。

扒糕：以荞麦面为原料，蒸成饼子形熟食，切小块，加蒜泥、香油、麻酱等佐料，凉后食用。有独特风味。

捻捻转：将七八成熟鲜大麦或小麦颗粒蒸熟，然后放入石磨轧成条状而食。

抿絮：也叫“抿蝌蚪”。用玉米面、豆面，掺白面和成软面，用抿絮床抿于开水锅里，边抿边煮，煮熟后捞出，形似蝌蚪，浇卤汤即可食用。也有在咸饭锅里抿抿絮的。如果在开水锅里滚白菜、菠菜或萝卜片再抿上抿絮，喷上葱花（油喷），味道更好。

大葱蘸酱 越吃越胖

杂面：绿豆和豇豆，有的配少量黄豆，加些小麦、小米或薯干，磨成细粉即为杂面。吃时和成硬面，擀成薄皮，切成极细的面条，做成菜饭或另打汤食用。

菜饭：以小米、鲜薯、蔓菁、蔬菜、杂面同锅煮食。

饸饹：荞麦面、小麦面、薯干面或高粱面等，掺榆皮面和面，放置于饸饹床子里压成条状至开水锅内，浇卤食用。

水饭：将小米煮熟，捞于凉开水或冷水中，炎热的夏天中午，配冷菜或饼子食用。

糜：用黄米和小米掺和，加枣、豆或红薯，煮成粥状，辅以凉菜或炒菜食用。

炒面：谷糠面（炒）掺炒黄豆面，再加入煮熟切好的嫩杨叶或柳芽、榆钱等，放进碗内，加少量水，用筷子边拌边吃。

茶面粥：小米或玉米浸透，磨成细面（现多用玉米面），炒熟，拌上杏仁、花生、芝麻、豆腐条，煮成粥喝。

面叶：多以白面为原料，制成薄片，切成角形，煮熟后，加卤汤佐料。

咸食：用小米面，掺上细菜（葱、韭菜等）加水调成糊状，在煎盘上摊成薄片，蘸着蒜泥吃，作为主食食用。

石家庄是北方麦作农业历史悠久的地区，也是海河流域重要的小麦产区，所以，用小麦面粉制作花馍是一种饮食风俗。石家庄人多用小麦面蒸馍作为人们礼尚往来的馈赠礼品，并由此产生了与花馍有关的很多风俗。

走亲馍馍。改革开放以前，走亲拜友均有“挎篮子”的习俗，一般走亲友挎20—30个馍馍作为馈赠礼物。亲友留取馍时，一定要给来者剩下“压篮馍馍”，并讲究“留双不留单”。

下书馍馍（又称“递期馍馍”）。男女婚礼前一个月左右，要举行“下书”（递期）仪式，男方要按女方的亲友数量馈送馍馍，一般在200—300个之间。女方将此馍送与自己的亲友，亲近者送4个，疏远者送2个，并通知亲友们光临既定的婚礼。下书馍馍是新亲戚的首次交往礼品，特别讲究排场阔气，原料是又白又细的“头磨面”（现在人们多用富强粉了）。过去每斤面粉捏3—4个馍，现在随着人们生活水平的提高，相继发展为八两或一斤面粉做一个馍了。

婚嫁馍馍。娶亲那天，女方娘家亲友都要去给新娘“送饭”，嫡亲必须携带30个馍馍，俗称“一架食箩”。婆家掌事人要专门组织“打食箩”场合，将各位亲友的馍馍留取，顺便让

吃扒糕

人们观赏其制作水平，而后也按“留双不留单”的习俗剩下“压篮”。嫡亲越多，馍馍就越多，一般的喜事能收两三笸箩，有几百个之多。

丧礼馍馍。办丧事，死者的亲友来参加丧礼，一定要带12个馍馍，俗称“食盒一架”。直系晚辈亲戚（婿、侄、甥等）还要送“面牲一副”“寿桃三元”。“面牲”即用面捏的猪羊，“寿桃”即用面捏制的桃子。丧葬后第三天，亲友们再次带上馍馍到死者家来表示安慰，此馍俗称为“复三篮子”。第二年清明节还要给死者“上新坟”，亲友们来不能空手，也得挎馍馍。

供神馍馍。搞迷信活动也离不开馍馍，初一、十五上供，逢年过节敬神，均要设案焚香，摆以馍馍为主的供品。尤其是正月十五，全村几百家的供品一齐摆列于“火杆”场上，形成供品大汇展的场面。为了博得观者的好评，人们不惜时力把面捏制成各式各样的动物、花卉、瓜果、人物等造型，上笼蒸熟，再用各种颜色加工点画，整个供场艳丽多姿、五彩斑斓。现代人称之为“面塑艺术展览”，其实还是原始供品馍馍场景的演化。

改革开放以来，人们生活水平有了很大提高，膳食结构有了很大改变，白面、大米已成主食，粗粮细做一般只为调剂口味。鸡、鸭、鱼、肉、海鲜等已成为餐桌上常见之物，膳食讲究营养搭配已渐成风尚。

二、筵席美食

逢年过节、婚丧嫁娶及招待亲朋贵客都要摆筵席。石家庄传统的筵席分荤席、素席、海菜席三种。荤席以肉食为主，素席为素菜为主，海菜席以海味为主。筵席的薄丰以碟、碗数量而定，如“十二碗大荤席”即要上十二碗肉食，“二八席”即要上八碟八碗，“十二八席”即要上十二个碟加八碗。碟内盛凉菜、炒菜。八碟一般为四凉四热，十二碟的要加四炸。凉菜主要有熏猪下水（猪心、猪肝、猪肠、猪肚、猪舌等）、猪头肉、肉糕、烧鸡、咸驴肉、酱牛肉、煮花生米、粉丝黄瓜等；炒菜主要是猪肉、羊肉、牛肉、鸡蛋配各种鲜菜熘炒为热菜凑四个花色。碗菜有炖肘子、条肉、红烧肉、清炖鸡、清蒸鱼、白豆腐、虎皮豆腐、红烧丸子、丸子肉等。丸子肉是石家庄市的特色名吃，在丰盛的筵席上往往要在中间摆一盆丸子肉。

筵席上菜程序是：先上凉菜，再上热菜，入席后先饮酒，酒足后上大菜吃饭，最后上丸子汤，以示筵席完毕。

熬糖稀

由于石家庄传统农业发达，因此，各类筵席除了由鸡鸭鱼肉和各种蔬菜烹制的菜肴之外，一定都要有面食作为主食，如家常饼、手擀面、槽子糕、花馍、挂面等。改革开放以后，人们对健康养生的需求更加重视，筵席上喝粥也成为一种新的时尚。

石家庄是一座移民城市，多民族融合，历史悠久，各种筵席的特色美食具有多民族风味。东西南北中，京津冀鲁粤的各地名菜，在石家庄这座城市都能赢得不错的市场份额，也诞生了很多本地独特的招牌菜和老字号。

1. 马家鸡和金凤扒鸡

正定马家鸡，是中华老字号，先后获河北省著名商标、河北省非物质文化遗产等8项省级以上荣誉。马家鸡始创于清朝初年的直隶祁州（今河北省安国市），清朝同治八年（1869年）因避战乱，迁至正定。马家是回民，马家鸡有鲜明的回族特色，选料讲究，一律采用鲜嫩活鸡，尽量采用山区散养鸡。卤煮之前，将鸡洗净，一翅插入口腔，使头部弯回，另一翅折叠，两腿别起，爪入膛内，呈琵琶状。然后放入老汤中，配以丁香、砂仁、豆蔻、白芷等名贵肉料，以及花椒、大料、小茴香等调味佐料。在煮鸡时按鸡龄长短定火候。煮好的卤鸡黄里透红、颜色鲜亮，鸡皮油光平展，不破皮、不脱骨、不塞牙、不腻口，久食不厌，老幼皆喜。

1901年12月31日，因八国联军进犯北京而逃往西安的慈禧太后及光绪皇帝还京途中，驻跸正定。在正定行宫三天逗留期间，除了游览正定府的众多名胜古迹外，还遍尝了各色风味名吃。其中对马家鸡赞不绝口，称其香、鲜、嫩，对味又好吃。马家鸡一度成为贡品，名声大振。①

金凤扒鸡始创于1908年，回民马洪昌夫妇在石家庄大桥街开了一家马家鸡铺，扒鸡风味独特。扒鸡用蜂蜜进行上色炸制，并用中药秘方老汤煮制，具有一定保健作用。虽然这家店铺很小，但生意格外兴隆，每天供不应求，去晚了的顾客常常买不到。1956年公私合营后，鸡铺划归石家庄市食品公司，生意也非常兴隆，市民要早早起床来排队，很多出差到石家庄的外地人也要捎回一两只作为礼物带给亲戚朋友。1983年，老店由原址迁移到南马路，更名为“扒鸡老店”，大桥街马家鸡与永新回民鸡两家合并，综合其优点，成立回民扒鸡加工厂。

1984年，工厂正式注册“金凤扒鸡”商标，寓意凤凰涅槃，老字号冲出国门再获新生。“金凤扒鸡”经营者们在继承老字号传统做法之上，改进工艺，优化产品结构，由单一品种发展为扒鸡、烤鸡、清香鸡、童子鸡、烤鸭等十余种产品，推出真空包装，使产品储存期由原

缸炉烧饼

来的2—3天延长到90—180天。企业规模不断扩大，在鹿泉工业园区创建了金凤扒鸡旅游文化园，产品销售到省会各大超市及中小型商场等200余个网点，后走出石家庄，销售网络扩展到周边地区及北京、天津、太原地区，还出口到日本。

2. 藁城宫面

藁城宫面又称贡面，产于石家庄市藁城区，源于唐朝贞观年间。明朝时期，藁城的面食艺人，以精于制作挂面闻名。清光绪年间，地方官吏向朝廷进贡，将其列为贡品，故称“宫面”。宫面以小麦精粉为原料，配以精盐、精炼油、淀粉等，不加任何添加剂，采用秘传手工工艺制作。面条细匀空心，色泽油亮洁白，耐火不糟，回锅不烂。

3. 缸炉烧饼

缸炉烧饼，是石家庄一种特色美食，原产于鹿泉。其做法很独特，以传统大水缸作为内壁，缸内生火加热，在缸壁上贴饼，外烘内烤。缸炉烧饼成圆鼓形，烧饼不煳，面光，色焦黄，味鲜美，吃起来香、酥、脆，深受各地游客的喜爱。此烧饼制作时在火候上极其讲究，因缸呈凹形，凉或热烧饼都要滑下来。

4. 中和轩饭庄蒸饺

中和轩饭庄是石家庄最早的老字号清真饭庄，1920年，满氏兄弟由保定来到石家庄，在顺通巷（今中华胡同）建起了中和轩饭庄，至今已有100年历史。1936年是初盛时期，1947年11月12日朱德等中央领导曾到中和轩饭庄就餐，1965年国庆节前迁址中山路繁华地段，1996年9月28日中和轩饭庄迁址至新华路东头，现在迁至中山东路省博物馆附近。此店经营的中和轩蒸饺历史悠久，在冀、晋、鲁、豫享有盛名。

5. “八大碗”

据传，真定名将赵云打了胜仗，常用四大碗肉菜和一些素菜犒劳将士。跟随赵云的厨师与一些将士，年老返乡后将赵云犒劳将士、宴请好友的菜肴的做法带回老家正定，并不断改进。随着历史演变，因崇尚“八”，为讨吉庆改方桌为八仙桌，坐八客、食八菜（八冷碟、八大碗菜），这种四碗肉菜和四碗素菜的形式在唐代时被定型为“八大碗”，并广泛流行。正定八大碗主要包括：四荤、四素。四荤以猪肉为主，四碗肉分别精选前膀肉、中肋肉、后臀肉、肘

茶水瓜子小人书

子肉，每一碗肉都有名字，分别为扣肘、酥肉、扣肉、方肉。四素的选料一般以萝卜、海带、粉条、豆腐为主。八大碗不仅选料精良，做工更是讲究。八大碗对刀工要求较高，切肉有讲究：方块则四面见线，方方正正；切片则长短协调，薄厚一致。切素讲究识菜下刀，错落有致，宽窄有矩。做荤菜时，先将选好的猪肉放在大锅中煮熟，煮熟后要趁热在肉皮上抹上一层蜂蜜，然后放进油锅中炸，直到肉皮颜色成为黄红色出锅。等肉冷却后，再按照四荤碗的要求切块装碗。将肉碗装好后，上笼屉蒸。第一次蒸需要武火（大火）蒸两小时，这次蒸不放任何佐料。大火蒸两小时，肉中油大部分被蒸出来，将这些油倒出来，接着再蒸一小时，再将蒸出的油倒掉。

正定八大碗的特点是荤菜不油腥，素菜不寡淡，与馒头、米饭搭配，吃起来满口留香，回味无穷。

第三节　茶习俗

石家庄是中原与北方游牧民族、中欧之间茶马互市的主要地点。吃茶、饮茶风俗源远流长。这里也是唐代后期藩镇割据核心地区之一，成德军节度使以真定为中心，割据河北中部150多年，北方少数民族契丹、回鹘、鲜卑和粟特人的后裔作为藩镇割据主要力量，大量落籍这一带，成为这一地区唐后期到五代以来重要的人口组成。其间，唐代著名高僧从谂禅师驻锡赵州柏林禅寺，创造了“茶禅一味”的中国茶道，成为东方茶道的鼻祖。在其110岁高龄时，被成德节度使赵王王镕请到真定，弘扬禅茶，使得石家庄一带成为中国茶道的发祥地，茶文化、茶风俗源远流长，底蕴深厚。西部山区和丘陵地区的村民，甚至把本土的流苏树叶也作为茶叶，并作为本土饮品长期饮用。元明清以来，真定作为元大都和北京以南的重要商埠和政治、经济、文化中心，名流汇聚，商贸繁荣，茶肆众多。石家庄快速崛起后，这种禅茶遗风和茶文化风俗浸润着这座城市。石家庄茶馆较多，贩运茶叶的名商巨贾众多，也是江南

香椿

茶业产区向北京、张家口、库伦、俄罗斯恰克图贩卖茶叶的陆路通道必经之地。因此，石家庄茶馆遍布城乡，星罗棋布，就像遍布的饭馆一样随处可见。石家庄的茶馆带有浓厚的乡土味儿，档次高一点的采用八仙桌、靠背椅；档次低一点的采用四方桌、长条凳。瓜子一盘，花生米一碟，茶壶一把，茶碗一个，慢饮细品，十分开心。

一、茶馆茶肆茶文化

石家庄的茶馆并不都称为茶馆，有的称“茶肆”“茶坊”，还有的称“茶铺”。形式多样，有书茶馆、戏茶馆、酒茶馆、棋茶馆、清茶馆。

书茶馆是把饮茶与听书相结合。这种茶馆一般聘请专说评书或会讲故事的艺人，一部接一部，一段接一段地说，说到关键时刻戛然而止，“且听下回分解”，让人听了上段还想听下段，以此引来众多茶客，招揽茶馆生意。

戏茶馆是把饮茶与听曲相结合。茶馆老板招来小型戏班演出传统折子戏，让人边听戏边饮茶；有时也请来变魔术、玩杂耍的，逗人高兴，吸引茶客。

酒茶馆一般是满足朋友相聚或小型宴请，要上几碟小菜，斟上一壶烧酒，边饮酒边品茶，既省去了进饭庄的大笔花费，也能满足相聚小饮的兴致。

棋茶馆就是品茶对弈，切磋交流。既喝茶下棋，又增进了友谊。

清茶馆，客人只是喝茶说话，对面而坐，清茶一壶，或谈生意，讨价还价，或胡侃乱逗，打发时光。这种茶馆除了瓜子、花生米外，一般还备有点心，边吃边饮，边喝边聊。

这些茶馆、茶肆，一直是这座城市文化传承的特色风俗。石家庄茶馆、茶肆的饮品，不同于江南茶叶产区，石家庄茶馆、茶肆提供的“茶水”，既有江南茶叶，包括绿茶、红茶、普洱茶、六堡茶、乌龙茶、花茶等，也有太行山的流苏茶，还有本地产的菊花、枸杞、枸杞叶、玫瑰花、丝瓜叶、刺五加等，因为都是茶馆、茶肆的饮品，都被称为“茶”。为了区分种类，必须冠以品种名字。这就是石家庄茶文化的独特魅力和人文智慧。

改革开放以后，石家庄茶文化进一步繁荣，石家庄再度成为华北重要的茶叶贸易周转地，赵州禅茶的文化品牌进一步彰显，赵州禅、赵州茶早已进入这座城市的文化血脉，成为石家庄城市文化最具品位的文化招牌。著名的“三字禅”茶舍、赵州茶、悠哉茶道、茶学社、

烤粉条

稍可轩茶餐厅等一大批具有深厚文化底蕴的品牌茶楼，不仅生意兴隆，而且长期举办各类茶文化研习班、禅茶文化养生班、青少年茶文化夏令营活动，让古老的茶文化浸润城市的精神，弘扬城市文化。

二、茶馆古风

在石家庄一带的茶馆当伙计的称“茶房”或“茶姐”，不称“伙计”“跑堂的”。改革开放以来，开始称“老师”“茶艺师”。古时候做茶房、当伙计是很累的差事，烧水泡茶，托盘拿盏，忙里忙外，迎来送往，整日手脚不闲。他们不仅手脚勤快，而且还有绝活，比如有的会做各式糕点，样式好看，十分可口；有的冲茶时站在客人圈外，沸水高冲，如蛟龙喷水，滴水不洒，令茶客们拍案叫绝。

开茶馆的盈利微乎其微，卖茶水只是挣回了煤火钱，茶馆主要是靠听书、看戏、租棋、卖点心挣几个钱。

改革开放以来，随着人们生活水平的提高，石家庄人喝茶的兴趣有增无减，经营茶馆靠文化特色吸引茶客。经营潜力很大，人们除了早晚锻炼外，白天喝喝茶，一起聊聊天，说古论今，或切磋，或小聚，或对弈，既是休息，又是享受。

如今，石家庄的茶艺馆都有一定规模，经营管理正规，各具特色。悠哉茶道借园林环境之美吸引“人气”；稍可轩茶餐厅以文化收藏、茶艺、古琴表演及书画独秀；七彩云南茶屋以专营普洱茶为特色；福建茶城以茶品大聚会见长；六合茶艺馆的“文士茶”和“擂茶”在省会茶艺界独树一帜；紫艺阁茶庄小巧玲珑；三义茶宴馆则将商务融于茶艺之中，初步成为商界谈生意的好去处。现在茶艺馆已成为人们联络感情的好去处，茶艺已“飞入寻常百姓家”。随着茶叶需求量的增加，茶文化愈加繁荣，石家庄陆续创建了规模宏大的东二环福建茶城、市中心的怀特古文化茶城、南三条茶城、南二环古韵文化茶城，在市区边缘还创建了世界湾古玩文化茶城等大型综合性古玩和茶叶市场，进一步助推石家庄茶文化的传播和繁荣发展。

河北小吃擦饹豆

第四节 酒风酒俗

酒俗是民俗的重要组成部分，几乎涉及人们生产、生活各个领域。从古老的祭祀礼仪，到婚丧嫁娶；从庆典迎宾，到时令节气；从修房盖屋，到居家外出；从亲友相会，到休闲旅游，都与酒俗密切相关。在石家庄，酿酒、饮酒的历史远远早于国家的产生，甚至早于部落首领制的诞生。所以，酒俗是一种历史非常悠久的民俗。

酒俗文化，是一个博大精深的体系，所包含的内容，除了前面各节反映的内容外，还涉及传统庆典、居住之俗、仕宦之俗、出师之俗、迎宾之俗、饯行之俗、省亲之俗、拜师之俗、行商之俗、耕织之俗、梨园之俗。凡此种种，都与酒俗有着某些联系。无论是从文学的角度，抑或是从人类学、心理学，甚至生理学、生物化学等学科角度研究酒与人之间的关系，都有说不尽的话题，解不完的奥秘。酒俗是一种历史文化的积淀，也是一种民众心态的反映。

悠久的酿酒历史，为石家庄积淀了多彩的酒风俗。西部山区盛产大枣，因此有酿造和豪饮“枣木杠子酒”的风俗，当地人用大枣加粮食酿酒并蒸馏成带有枣味道的蒸馏酒。当地婚丧嫁娶、过年过节、生儿育女、贺岁贺寿，都要饮用枣木杠子酒。东部平原因为历来是物产富饶的农耕区，所以一直传承酿造和豪饮粮食酒的风俗。石家庄市藁城区劝酒、豪饮风俗闻名遐迩，明显带有战国中山国之遗风。

一、祭祀酒俗

石家庄祭祀酒俗源远流长，早在新石器时代已见端倪，南杨庄新石器时代墓葬中发现的盛酒的长颈陶酒壶，就是酒祭祀的佐证。

进入奴隶制社会，祭祀酒俗成为强化统治的一种手段。在台西商代遗址祭祀坑中发现的被残杀的奴隶残骸和酒器，是残暴祭祀酒俗的真实写照。为了严格祭祀制度，商周统治者建立了一套完整的酒俗礼制。从酒器到祭礼，从仪式到酒的酿造，都有规定。在石家庄发现的大量青铜酒器中，有不少就是祭祀用的礼器，如商周青铜卣、青铜尊、彝等器物，就是祭

舒服莫如倒着　好吃莫如饺子

祀酒器。中国文字中的“鬯”，也是祭祀酒俗的产物，原意指祭祀降神用的酒，用黑米酿造而成。《周礼·春宫·郁人》记载：祭祀活动中，专门有一种职业，称为“鬯人”，“掌共柜鬯而饰之”，负责“和郁鬯以实彝而陈之”。这种祭祀酒俗和祭祀酒礼，产生了鬯、鬯人、鬯草、鬯祀等一系列词汇，可见祭祀酒俗对中国文字所产生的深远影响。

石家庄历史文化名山封龙山，是河北乃至中国的祭山文化中心之一，其有关祭祀山神的七通汉代碑刻，是中国祭祀酒俗的活化石和文化见证。刻立于东汉延熹七年（164年）的《元氏封龙山之颂碑》记载，有常山相蔡仑等官吏主持祭祀活动，反映了当时常山国祭祀酒俗的场景。

祭山祈雨，是中国的传统民俗。《大唐开元礼》规定：“诸州县旱则祈雨，先社稷。又祈界内山川能兴云雨者，……若岳镇海渎，州则刺史上佐行事；其余山川，判司行事。县则令县丞行事。祈用酒脯醢；报以少牢。”为了祈祷降雨，国家专门对祈祷和回报降雨形式的祭礼做了规定，甚至用什么酒、牲畜，都做了严格规定，逐渐形成了千古不变的礼仪，在百姓心中留下了深刻的印象，并在风俗中留下了深深的烙印。直到现代，人们祭祀已故亲人或是祭祀民间崇尚的神灵，仍然采用传统的祭祀酒俗，祭酒行拜，以示虔诚。

祭祀祖先，是中国历史悠久的传统风俗。从汉唐对祖庙祭祀的礼制，到明清民间祭族谱、祭祖坟、祭家庙、祭灵牌等礼俗，都真实反映了对祖先的崇拜。从两汉到魏晋隋唐时期，祭祀祖先的风俗与祭祀礼制结合，逐渐通过封建礼制向民俗渗透，以至于影响各民族祭祀风俗的发展。到元代，祭祀祖先开始使用葡萄酒。《元史·世祖本纪》记载：至元十三年九月己亥“享于太庙，常馔外，益野豕、鹿、羊、蒲萄酒”。

明清时期，石家庄的祭祀酒俗在各地县志中均有记载。清光绪《畿辅通志·舆地略·风俗》中记载：“正月元日谒墓，敬尊者，饮屠苏酒。”石家庄城市崛起之后，祭祖的酒俗依然如故。每年大年初一，子孙们都要上坟祭扫，必须带上酒、酒具、过年的食品祭祖行礼。有家祠的家族还要张挂家布，摆上贡品，置酒祭奠，祈求祖先保佑子孙人丁兴旺，家族昌盛。

这些古代祭祀酒俗，有些至今仍然传承。在某些地方，春节居家团聚，清明节、中元节扫墓等礼仪中，都要按照传统酒俗祭拜祖先。正定、平山、栾城保存的古代文庙，每年都要举行祭祀活动，也要按照古代礼制，用酒和牺牲。

最香的贴饼子

二、节令酒俗

节令酒俗是人们根据时令特点和地方物候形成的酿酒、饮酒、会饮的习俗。

民国《河北通志稿·民事志·谣俗》中专设一节记载“四时”风俗。“立春日，聚会饮春酒。”“春分日，栽果树，分腊酵酒醢（用蜡将酿好的酒和肉、鱼酿的酒酱封起来），利久蓄。”“清明日，簪柳条，作秋千戏，携酒踏青。”“孟夏之月，四日酿酒，可久蓄。”“仲夏之月，五日，插蒲艾，以彩索系项背，啖角黍，饮菖蒲酒，采药苗。”“仲秋之月，十五夜，会饮赏月。”“季秋之月，九日，蒸花糕，酿菊酒，腌瓜菜及蟹，登高会饮。”“除夕守岁，饮椒酒，焚苍术。”

三、婚嫁酒俗

婚娶聘嫁是人生的大事。无论家中是迎娶新娘，还是女子出嫁，都要举行隆重的礼仪。而在这个具有悠久酒文化积淀的地区，自然把酒与婚嫁结合起来，在婚俗中就专有一套关于饮酒、敬酒、喜筵酒、送亲酒、迎亲酒的酒俗，成为酒文化的重要内容。

清光绪《畿辅通志·舆地略·风俗》记载，婚俗：“先通媒妁，女家允许，男家即送庚帖，以首饰钗钏先之，谓之过定礼。及婚，先择嫁娶吉日，谓之定嫁。娶次，男家用猪酒送催妆，女家送妆奁。临期，男子亲迎，陈设灯烛，鼓吹至女家，女家备酒醴敬迎，谓之喜筵。筵毕，女至婿家，夫妇同拜天地，行合卺礼。是日酒筵会亲友。三日先拜翁姑，即诣家庙、祖茔展拜，遍拜亲串之来贺者。四日女家亲串携食品相贺，婿赴女家，谓之回门。次年正月，女翁备酒筵，夫妇偕赴女家，谓之住正月……”

古老酒俗和婚俗珠联璧合，创造了“合卺”“喜筵”等词汇。“卺”（音jǐn），指古代婚礼上用的一种酒器，是由葫芦分成的两个瓢。新婚夫妇各用一个瓢饮酒。饮毕，将两个瓢合在一起，称为合卺。

石家庄市藁城区有着北方特有的豪饮风俗。尤其是婚宴喜宴，敬酒豪饮风俗甚盛。新郎接亲时，女方宴请男方接亲人员，女方亲属要轮番敬酒，一般都会把接亲的男方宾客喝倒一个，这才算喝好。而男方婚典喜宴，同样要给亲朋好友轮番敬酒，要把送亲的女方亲眷喝倒才算尽兴。

轧饸饹和擦疙豆

这种豪饮之风一直世代传承。直到党中央提出反“四风”之后，豪饮狂饮的酒俗得以改变，但婚宴、庆功宴之类喜宴轮番敬酒的风俗仍然存在。

四、丧葬酒俗

在石家庄，丧葬礼俗中对酒的运用存在一些区别，或尚简，或奢华，或烦琐，或俭朴。即使同一地区，也在随着时代的发展发生变化。《畿辅通志·礼俗》中记载：初丧，“设灵帷，讣告戚友。孝子寝毡枕块，戒荤酒，宿灵次，每七日皆三时上食哭奠。逾月而葬……三日后合冢，坟茔前奠酒器泣”。民国时期，石家庄丧葬酒俗中用酒量逐步增多，酒与丧葬习俗的关系进一步密切。

五、生育酒俗

儿女是父母婚姻的结晶。生儿育女时置酒庆贺，一是向亲友宣布自家有一个新成员加入；二是反映了对妇女生育的尊重；同时，把诸多美好祝福和希望寄托在新生命身上，浸润在酒筵喜庆气氛之中。《辛集市志》记载：旧时生男为大喜，生女为小喜。产后先给娘家送喜讯。第三日，母亲或近亲女子携带米面、鸡蛋、芝麻、红糖等营养品和婴儿衣物前来婆家侍奉月子。产后第三天、第十二天为小庆，满月（男为29天、女为30天）则为大庆，娘家或亲友持礼物前来祝贺，主人家要摆筵席置酒款待来客。

六、寿辰酒俗

过生日、贺寿辰，是古老的传统习俗，兼有尊老的醇德之风。石家庄当地为老人过生日，晚辈要送寿桃、寿糕、寿面、寿酒，乡亲们要“凑份子”表达感情。主人家要设酒筵招待亲友、乡亲、邻里，增加感情。尊老，是一种传统美德。但有些传统民俗有两重性，一方面反映积极、健康的传统美德；另一方面则折射出庸俗、落后的一面。在封建社会有一些贪官污吏，为富不仁，聚敛钱财，不择手段。往往借自己或家人祝寿散发“寿贴”，向下属和民众索要钱财。

大缸小缸腌咸菜

七、建房迁居酒俗

百姓修房盖屋，上梁前，都要举行仪式，放炮、置酒，请工匠师傅们喝上梁酒，有的要用酒祭洒新屋地基。一是为了驱邪，二是营造喜悦气氛，也是对工匠师傅的一种尊重。这反映了传统酒俗的文化魅力。新房竣工，在乔迁之前要举行仪式。平原地区，长辈先到新房子里用铁勺子炒一个鸡蛋，俗称暖房。乔迁之时，亲朋邻里要前来祝贺。一般是送一幅中堂画，天头写“某某乔迁之喜”，俗称“温居画”。主人要备酒设宴招待亲朋邻里，称为“暖房酒”②。

八、尊师敬老酒俗

尊师敬老，是中华民族的传统美德，也是一种传统礼俗。

这种传统礼俗，在新社会被赋予新的形式。改革开放以来，随着教育事业和社会养老福利事业的发展，尊师敬老已成为一种社会公德。每年教师节，国家都要组织慰问教师的活动。有的学校举行会餐活动，庆祝教师节的到来。在一些敬老院、干部休养所，每年的重阳节、中秋节、春节等传统节日，一般都要举办酒宴、晚会，体现敬老尊老的传统美德，成为新时代的一种敬老酒俗。一些酿酒企业，开发“重阳酒”“祝寿酒”“敬老酒”“桃李酒”“尊师酒”等礼品酒，也是对传统酒俗的一种照应，以及对传统美德的弘扬。

九、出行酒俗

外出旅行，要饮“出行酒”，家人为亲人壮行，这其中寄托着家人的美好情感，充满了希冀、祝福、期待、留恋。酒俗正是因为有这种内在感召力，所以世代流传。在古代，文人读书为的是“学而优则仕”，为的就是跻身官宦之列，或光宗耀祖，或报效国家，或施展抱负，或改变困境。但事实上，宦海无情，说不清在何处会翻船。所以，升官晋爵要置酒庆贺，或显示身份地位，或答谢恩师亲友。官场失意，要置酒消愁。这就是酒俗具有博大精深内在魅力的缘由。

近年，公款吃喝、大吃大喝、贪吃贪喝之风得到遏制，但亲友聚会、学子升学、亲朋出行

煎饼果子

等，人们自己出资，私人买单，仍然要设宴把酒，庆祝鼓励，增进感情。随着社会风气的整体优化，以前狂饮劝酒、带领下属陪酒的恶俗逐渐被禁绝。酒风酒俗正在日渐改善。

注释

①吴英伟、武威振：《游名城正定，访百年老店》，河北美术出版社，2012。

②梁勇、梁清华：《河北酒文化志》，中国对外翻译出版公司，1998。

过年要穿新衣裳

第四章　节日风俗

中华民族注重岁时节令，把特殊日子设置为“节”。一年内的“节”有很多，既包括二十四节气的节令，还有春节、元宵节、二月二青龙节、五月端午节、八月中秋节、九月重阳节、十月寒衣节等传统节日。

石家庄的节俗既有中华传统节日的基本要素，又有浓郁的地方特色。当地人根据本地节日、节令习俗编写了《节日歌》：

正月里，过大年，见长辈，先拜年。破五到，放鞭炮，驱晦气，穷崩跑。
元宵节，宫灯艳，猜灯谜，观灯盏，人相约，万民欢。赶庙会，吃大餐。
二月二，龙抬头，大囤满，小囤流。龙牌会，满街走。舞龙灯，赶耕牛。
三月里，三月三，蟠桃会，供神仙。打手鼓，敲锣欢，扭秧歌，闹春天。
四月里，到初八，娘娘庙，把香插。磕个头，盼儿仨，大庙会，遍地花。
五月里，正端阳，采艾蒿，插庭堂。吃粽子，饮雄黄，祭英灵，永不忘。
六月里，六月六，庄稼地，暑已透。高粱高，大青豆，勤锄地，获丰收。
七月里，七月七，牛郎星，会织女。隔天河，两岸泣。过鹊搭，喜相遇。
八月里，闹中秋，月亮里，嫦娥忧，月饼摆，葡萄有，大团圆，乐悠悠。
九月里，九月九，重阳节，祝高寿，插茱萸，饮菊酒，全家乐，人长寿。
十月里，十月一，祭祖先，送寒衣。水有源，河有堤，勿忘祖，圣经继。
十一月，是三九，寒风吹，冰上走。穿棉衣，防冻手，健身体，闻九州。
十二月，到腊八，黏黄米，豇豆大，花生仁，枣一把，熬成粥，飨全家。
二十三，糖瓜粘，送灶王，去上天。二十四，扫房子，二十五，磨豆腐。
二十六，炖大肉，二十七，缝新衣，二十八，把面发，二十九，备好酒。
除夕夜，三十晚，贴春联，吃酒宴，挂吊挂，张灯捻，辞旧岁，迎新年！

《节日歌》基本上概括了石家庄一带的传统节日及其习俗。

春雨

第一节　春季节俗

中国古代把特殊的日子叫作节。“节”包括节令、节日，石家庄是传统农耕文明发达地区，农耕节令风俗是别具特色的一种节俗。传统的二十四节气，就是经典的农耕节令，节令也内含传统风俗。

一、立春

中国古代的智者，根据对地球上太阳照射情况的观测，创造了二十四节气，通过物候表征节令。民间形成了二十四节气歌：

春雨惊春清谷天，夏满芒夏暑相连，秋处露秋寒霜降，冬雪雪冬小大寒。

农历二十四节气的第一个节气是立春，石家庄人叫“打春”。古代每逢立春前，地方官府要塑一头泥牛称“春牛”，肚子里放些五谷杂粮。在泥牛旁边塑一人，手扬皮鞭，称“芒神”。立春这天地方官府举行“打春牛”仪式。官员先打三鞭，意思是春天到了，劝人们耕种田地，争取有好收成；另一意思是“打”掉春牛懒气，使其勤恳下地拉犁。随后，民众“打春牛”，以示六畜兴旺。最后把牛肚子里的五谷粒撒在粮食囤里，以示五谷丰登。

旧时木刻年画有“春牛图”，上边印柳丝、飞燕和牧童，下边印每月日期及二十四个节气，农民把画贴在墙上，随时阅读。立春这天，人们还在牲口的笼头上系一个红布条，以求吉祥。

石家庄一带的风俗，人们认为立春是一个讲究勤劳的节日，立春这天都不能睡懒觉，一定要在打春之前起床劳作。这是古代农耕文明留下的优秀传统，通过风俗约束人们辛勤劳作，以祈五谷丰登、六畜兴旺、家业富庶。直到如今，在石家庄农村的老年人心目中，打春这天仍然要早起床，不能让自己“被春打到床上”。

杨絮轻舞顽童闹

二、填仓节

正月二十五为石家庄传统的“填仓节”，又叫“天仓节”，象征“大囤满，小囤流，五谷丰登”。民间有“天仓，天仓，小米干饭杂面汤”的顺口溜。这一天各家各户早早起床，筛草木灰，一手端簸箕一手持木棍敲打，灰随簸箕撒出，在院子里画个灰圈，再在灰圈里画个十字。每个格里撒数粒麦子、高粱、豆子、谷子等粮食，用砖压住。十字中心放杂面条。吃完早饭后，将压粮的砖拿去，让鸡啄粮，让狗舔食杂面条，寓意粮满仓，不愁吃不愁穿，鸡狗有食。用灰画图称“打仓”，即修仓。有的把仓装饰一番，如画“吉祥如意”“五谷丰收”“连年有余”等图案。其实，正月二十五，还属于石家庄的春节节日群，但是，按照古代四季的划分，过了立春就算春季了。

三、青龙节

农历二月初二，“龙抬头”，也叫“青龙节”“春龙节”。传说是天上主管云雨的龙王抬头的日子，从这天开始，雨水逐渐增多。人们习惯称之为“龙头节”。有句农谚：“二月二，龙抬头，大家小户使耕牛。大仓满，小仓流。”从此阳气回升，大地解冻，春耕将始。

据说从伏羲时期就有这个节日。伏羲“重农桑，务耕田”，在二月二这天，“皇娘送饭，御驾亲耕”，亲自下田耕种。后来黄帝、唐尧、虞舜、夏禹纷纷效法。到周武王时仍沿袭这一传统，每到二月初二，举行仪式，并将其当作一项重要制度。之后历代皇帝祭春神，鞭春牛，文武百官都下田耕种，号召人民春耕。北京的先农坛过去就是皇帝祭祀先农和举行亲耕的地方。

青龙节大概在二十四节气“惊蛰”前后，从此，大地复苏，春耕要开始了。民间流传着许多相关的传说、故事和民谚，如二月二日早晨不准从井里打水，以免碰破龙头。

这天石家庄民间讲究吃油炸糕；有的吃面条，称“龙须面”；有的把春节、元宵节以来所剩食物吃完，叫“啃龙头”。从腊月初八至二月初二，年过完了，春暖花开，该忙耕作了。

石家庄赵县范庄龙牌会，是最具地方特色的民俗祭祀活动。范庄人将“龙牌”作为“天地三界十方真宰龙之神仙”加以崇拜祭祀，其规模之大，仪式之隆重，在“二月二”节俗中独具一格，成为龙图腾崇拜的“活标本”。

范庄龙牌会源于道教，原称“龙牌大醮”。《赵州志》记载，东汉顺帝时，范庄就有道士

春分立蛋

设坛祭神的醮场，供奉龙牌的神棚叫醮棚，抬龙牌的大轿两旁黄色大旗上有“皇天大醮”字样。当地传说龙牌会是为纪念勾龙。勾龙是共工之子。共工被颛顼打败，勾龙带领族人来到范庄，造田植谷，安居乐业。颛顼追到范庄，要人们献上勾龙的头，不然就杀光部落的人。为拯救部落，勾龙变为白蛾飞走。每年正月一过，范庄便有白蛾飞来，人们认为这是勾龙显圣，设龙牌供奉。范庄人自称勾龙后代，二月二是勾龙生日。为纪念勾龙，范庄人在二月二举行“龙牌会”，供奉龙牌，有龙崇拜和祭祖的双重含义。

范庄龙牌会的龙牌雕刻龙头和两条龙形象，中间写“天地三界十方真宰龙之神位”，表示龙是天地、诸神、民众、万物的主宰。龙牌由会头轮流供奉在家中。会头共有19位，世袭，每年轮流当值，每19年抽一次签，排列当值顺序。会头皆为男性。平时供奉龙牌的却是家庭主妇。每天早晨清洁神案，早晚向龙牌烧香，一年四季不间断。初一、十五，村民们都来烧香、许愿、还愿，祈求发财、出行平安。过会时，龙牌要被请到醮棚供奉。从农历二月初一开始，至初四结束，历时四天。范庄龙牌会，将远古龙图腾崇拜，一代一代传下来，将龙文化和道德规范、人生信仰融合，构成了民俗文化的独特形式。

过了二月二，一年一度的年就算过完了。过年的节日群也就结束了。

四、上巳节

古代以“干支”纪日，三月三是农历三月第一个巳日，称“上巳节”，也叫“三巳”“元巳”“重三”。《周礼·春官·女巫》记载：“女巫掌岁时祓除衅浴。”这一天不但要喝酒玩乐，还要用香草沐浴。汉代，三月三上巳节成了全民洗浴的节俗。上巳节主要有郊外游春、春浴、祓禊（临河洗浴，以祈福消灾）等风俗活动。在这良辰吉日设曲水之宴，流水上漂着一串酒盅，这风雅浪漫的宴饮叫“曲水流觞”。其中最著名的就是王羲之《兰亭集序》中描写的那场活动。

宋朝之后，三月三春游踏青的习俗流传下来，留下了那句谚语——“寻春直须三月三”。

石家庄一带把三月三称为“桃花节”，这个时节的桃花娇艳可人，像女孩子，所以三月三又称“女孩节”。人们在桃花下洗浴，驱灾辟邪。石家庄西部的温塘镇，自古有三月三洗桃花浴的民俗。当地人把这个日子定作洗浴节，称为“姑洗日”。温塘镇上有句话说：“一日桃花

抹锅黑

浴，三生无炎凉。”在温泉水中放入桃花瓣，来一个美美的桃花浴，疏通经络、扩张血管、滋润皮肤，是健康美容的好办法。每到三月三，温塘镇成为旅游休闲的重要去处，来自河北其他地区及北京、天津、山西的游客汇聚温塘镇，沐浴桃花水，把酒雅聚，祈求健康幸福。

在井陉苍岩山，三月初三是苍岩圣母庙会。庙会上，香客云集，香火兴旺，还有井陉拉花、抬皇杠、舞龙、耍狮子的表演。

三月三的鸡蛋吃起来有讲究，有的要吃茶叶蛋，有的吃由应季野菜做的“荠菜煮鸡蛋”。据说这样能滋补身体，预防头疼脑热等小毛病。

五、清明节

清明，是我国的二十四节气之一，每年四月五日前后，气候变暖，草青木明，故曰“清明”，西周时就确定了这个节气。清明在仲春与暮春之交，正是郊外踏青春游的好时段，又称“踏青节”。这个节气在后世的发展中，整合了寒食节的文化和民俗，增加了祭扫、沐浴、寒食等风俗，还增加了踏青、秋千、蹴鞠、牵勾、斗鸡等活动，成为一个重要的节日。清明节与春节、端午节、中秋节并称为“中国四大传统节日”。除了中国，世界上还有一些国家和地区也过清明节，比如越南、韩国、马来西亚、新加坡等。2006年5月20日，文化部将清明节列入《第一批国家级非物质文化遗产名录》（类别：民俗，编号：Ⅱ-2）。

这个节气成为节日，据说与春秋名臣介子推有关。相传，晋献公听信爱妃谗言杀害长子，次子重耳为避杀身之祸在几位忠臣拥戴下流亡异域19年。一天，重耳长途奔波后又累又饿，在渺无人烟的荒凉地方歇息，发现随臣介子推不见了。人们四处寻找，只见介子推一瘸一拐献上一碗肉汤。重耳觉得蹊跷不肯服用。经一再盘问，介子推才说明肉汤是从自己大腿上割肉做成。重耳感慨万分，含着热泪对群臣说：“我终生不忘救命之恩，日后即位定重赏众臣。”

公元前636年，重耳回国即位，称晋文公。他把跟随他流亡的人都封赏了，只有介子推不辞而别，与母亲隐居绵山。晋文公亲临绵山寻找功臣，多日未见踪影。有人说，介子推是孝子，放火烧山，他定会背着母亲出来。晋文公依计烧山，三天三夜未见他母子出山。火熄后，人们上山寻找，在一棵树下，发现介子推母子被火焚而死。晋文公十分悲痛，把介子推母子

清明戴柳

安葬在绵山，改绵山为介休，把介子推被烧死的这天定为寒食节。清明节前一天不准点烟火，只准吃冷食，这就是“寒食节”的来历。由于三月气温上升，正是森林火险等级较高的时节，所以古代朝廷制定了寒食节禁令。汉代称寒食节为禁烟节，百姓家不得生火。《后汉书》记载，最初寒食节时间很长，要近1个月时间。这期间不得生火，只能生食，对民众的健康不利。于是，后来就改清明节前一天为寒食节，纪念晋文公的忠臣介子推。久而久之，清明节有了祭奠先贤、祭扫的习俗。魏晋时期，寒食节祭扫先人就成为习俗。唐代由于官吏回乡扫墓，常有擅离职守之事，唐玄宗时就规定寒食节、清明放假四天。《唐会要》卷八十二记载：“（开元）二十四年（736年）二月二十一敕：‘寒食、清明四日为假。’”到唐代中后期，放假五天。按大历十二年（777年）诏令，唐朝衙门依例放假五天：“自今以后，寒食通清明，休假五日。”

又由于清明节时草木返青，也就成为人们出门踏青游春的节日。如今，清明节被列入法定节假日。国家倡导人们祭祖扫墓，祭奠英烈，鼓励人们踏青旅游、植树造林。每年清明节，在石家庄烈士陵园的烈士墓前，成千上万的人进行祭扫活动，缅怀先辈的功绩，已成为进行革命传统教育的好形式。

第二节　夏季节俗

夏季是许多农作物旺盛生长的季节，也是石家庄一年中最炎热的季节。从二十四节气中的立夏开始，就进入夏季，夏季的节日很多，“夏满芒夏暑相连”，有六个节气，还有传统的端午节、七夕节。其中，有很多节日具有深刻的纪念意义，经过世代传承，成为中国独具民族特色的传统节日。而石家庄因其地理位置和资源禀赋，形成了独具特色的夏季节日风俗。

夏至的面條
家華畫

一、立夏

立夏是二十四节气中的第七个节气，也是夏季的第一个节气，表示夏天正式开始，太阳到达黄经45度。斗指东南，维为立夏，万物至此皆长大，故名立夏也。在天文学上，立夏表示告别春天，是夏天的开始。人们习惯把立夏当作温度明显升高，炎暑将临，雷雨增多，农作物进入生长旺季的一个重要节气。

在石家庄人传统风俗中，在立夏这天要吃时令蔬菜，还有尝鲜、斗蛋、称人三项活动。

尝鲜的食物都是本地的时令菜蔬。此时，小麦到了灌浆的时候，村民到地里摘一把麦穗，用手搓出新鲜的籽粒，尝一尝，祈求风调雨顺、获得丰收。正定八大碗中有新鲜菠菜、荠菜蒸碗。

民间相传立夏吃蛋拄心。因为蛋形如心，人们认为吃了蛋就能使心气精神不受亏损。各家的家庭主妇，要用清水煮鸡蛋，家人早饭时吃鸡蛋。同时将煮好的鸡蛋套上编织好的丝网袋，挂于孩子颈上。孩子们三五成群，进行斗蛋游戏。蛋分两端，尖者为头，圆者为尾。斗蛋时蛋头斗蛋头，蛋尾击蛋尾。一个一个斗过去，破者认输，最后分出高低。民谚称："立夏胸挂蛋，孩子不疰夏。"疰夏是夏日常见的腹胀厌食、乏力消瘦之症。

立夏还有"称人"的风俗。村口或打谷场挂一杆大秤，秤钩悬一大包袱，大家轮流坐到大包袱里面称体重。司秤人要讲吉利话。称老人时要说"秤花八十七，活到九十一"。称姑娘时说"一百零五斤，相公找上门"。称小孩时则说"娃娃二十三，长大做大官"。"称人"成了传统村落立夏的一个有趣的社交活动。如今在部分乡村还有热心人届时组织村民出来"称人"，为立夏增添节日乐趣。

二、端午节

农历五月初五为"重五节"，雅称"端午""端阳""天中节"，是纪念爱国诗人屈原的节日。五月五日包粽子，吃粽子，给亲友送粽子，成为各地广泛的习俗。端午节除包粽子外，还有插蒲艾的风俗。门口插艾，戴在头上，挂在胸前，以预防五毒（蝎子、蜈蚣、壁虎、蛇、蟾蜍）。

石家庄一带的端午节，有戴香囊的习俗。小儿披戴香囊，作为辟邪饰物。家长用五色布缝制小猫小狗形状的香囊缀在小儿肩上、帽子上或挂在胸前，在手腕、脚腕缠五色线，说是

端午挂荷包

一年能免受毒虫之害。节后将其剪下丢在井里即变成“五色鱼”，祈求“年年有余”。

三、乞巧节

农历七月七是七夕节，传说七夕是牛郎织女鹊桥相会的日子。中国古代为天上的星宿命名，赋予其很多神话传说。牛郎星与织女星相隔万里，却被赋予“七夕鹊桥相会”的神话故事。神话中的织女成了中国妇女崇拜的巧淑贤良的女神。

民间认为牛郎织女传说是七夕节的起源。其实，七夕节远比女郎织女的传说还要早，是古代女性专属的“乞巧节”，是古代女性社会角色认知的节日，不是所谓的“情人节”。把七夕节与情人节混为一谈，实际上是当代商家做宣传的结果。

《西京杂记》记载，西汉时七夕已经是节日。而牛郎织女传说的起源却晚很多。汉高祖爱妃戚夫人有个宫女叫贾佩兰，她出宫嫁人后，常说起汉宫的七夕：百子池边奏响音乐，系上彩带，宫娥彩女到高楼上用七巧针乞巧。徐婕妤把生莲藕雕成各种奇花异鸟献给皇帝。皇帝把这些小玩意放在边边角角让宫女们摸着黑寻找，这游戏叫“斗巧”。

唐诗宋词也会提七夕乞巧的旧事，唐朝和凝的《宫词百首》中有：“阑珊星斗缀珠光，七夕宫娥乞巧忙。”大唐《开元天宝遗事》记载，七夕之夜，唐太宗把宫中女子聚在一起，让她们乞巧学手艺。在普通老百姓的家里也是如此代代相传。

宋元之际，七夕这天就更热闹了，京城开设专卖乞巧物品的市场，叫“乞巧市”。宋代《醉翁谈录》：“乞巧市场从七月初一开张，车水马龙，到七夕正日子，更是热闹非凡。”

北京故宫博物院收藏的宋代李嵩《汉宫乞巧图》，画的就是汉宫宫女们在七夕节里练习女红乞巧的场面。台北故宫博物院收藏的宋代赵伯驹的《汉宫图》是在团扇上画着汉宫宫娥彩女们在天阶夜色凉如水的七夕，登上穿针楼乞巧的场面。再有明代仇英的《乞巧图》，也画了七夕夜里妇女们燃烛斋供的情景。清代陈枚的《桐荫乞巧》，也描绘七月七京中仕女“乞巧”的场面，女人们把装着清水的小碗放在院里，把一把针撒在水中，以针摆成的图形判断谁的手巧。清代最为经典的丝织工艺品《缂丝七夕乞巧图轴》展现的是牛郎织女相会在天上，人间的女子凭栏眺望、对空乞巧的场景。这个节日，没有男性的什么节目，所以不是情人节。再说牛郎织女的故事，是一个悲剧故事。中国古代的智者不可能以这种不吉祥的内涵创

涂雄黄

造节日。所以，七夕节是女性乞巧的节日，没有会情人的属性。

石家庄保留着古代斗巧的风俗。初六晚上姑娘们穿上新衣，点上香火蜡烛，对着夜空跪拜，称为“迎仙”。连拜七次后，手拿彩线对着灯影把线穿过针孔。谁能一口气穿七个针孔，就获得“巧手”称号；做不到的就叫“输巧”。游戏过后，姑娘们把自己做的小玩意互相赠送，精美的刺绣工艺品就成了亲情友情的象征。

近年来，民间还举办七夕乞巧剪纸会，组织“七姐会”，摆上各式香案，案子上放满鲜花、水果、胭脂粉，以及用彩纸做成的花衣裳、彩线绣成的工艺品，人们比手艺、拼技艺。

七夕节这天，人们要做不少传统美食。各家姑娘、媳妇做各种面食，或蒸或油炸。最应景的是巧果，又称“乞巧果子”，由油、面和蜜糖制成，呈梭子形。据说，这梭子是织女的物件，吃了梭子形巧果，手艺能赶上织女。

在传统大家族中，七夕这天没出阁的姑娘们聚在一堆，一起包饺子，饺子馅里要放一枚铜钱、一根绣花针，还有一颗大红枣。每人捞一碗，谁吃着铜钱象征将来会富贵，谁吃着绣花针象征心灵手巧，谁吃着大红枣，寓意会遇到心上人。从这些有趣的七夕习俗里，可以看得出七夕乞巧节中女性文化的本真，可以看得出一脉相传的中华女性传统美德。

第三节　秋季节俗

秋季是一个收获的季节，也是石家庄一带自然景物最美艳的季节。传统的节俗包含着庆祝丰收、收获亲情、登高远游等风俗。

拾花生

一、立秋

立秋是二十四节气中的第十三个节气，也是秋天的第一个节气，标志着秋天的开始。“秋”字由禾与火组成，表示禾谷熟的意思，立秋也意味着禾谷开始成熟。宋代在立秋这天宫内要把栽在盆里的梧桐移入殿内，等到“立秋”时辰一到，太史官便高声奏道“秋来了”，寓报秋之意。

石家庄一带有“贴秋膘”的风俗。因为夏季天热，影响人们食欲，饭食清淡。秋风一起，凉爽宜人，加之五谷丰收、蔬菜瓜果丰富，人们胃口大开，增加营养，就是“贴秋膘”。在立秋这天要吃肉，“以肉贴膘”。同时，石家庄具有数百年种植红薯的传统，秋季家家吃红薯，增加营养，也有助于“贴秋膘”。

石家庄人还有在立秋吃瓜的风俗，称“咬秋”，就是将其咬住。在瓜棚里、树荫下，人们抱着红瓤西瓜啃，抱着绿瓤香瓜啃，抱着白薯啃，抱着金黄的玉米棒子啃。咬秋，享受丰收的喜悦。

二、中元节

2010年，文化部公布《第三批国家级非物质文化遗产名录推荐项目名单》，香港特别行政区申报的“中元节”入选，被列入民俗类非物质文化遗产。

中元节，也称七月节，俗称“鬼节”，佛教称“盂兰节”，是祭祀祖先、怀念先贤的节日。据说，正月十五是天官生日，称上元节，是为人间赐福的节日；七月十五是地官生日，称中元节，是为人间赦罪的节日；十月十五是水官生日，称万元节，是为人间解厄的节日。

传说地官掌管冥界地槽之门，在七月十五打开地狱之门。因此七月十五也称鬼节。民间要在这天设道场，放馒头给孤魂野鬼，祭祖上坟，点荷灯为那些去世的人照亮回家的路。

佛教称其为“盂兰节”，要举行盂兰盆会。盂兰，是“倒悬”，形容苦厄，古代仁人志士常说的“解民倒悬”中的“倒悬”，就是这意思。盆是指盛供品的器皿。盂兰盆就是“解倒悬”之意。寺院在七月十五设盂兰盆供，举行祭拜仪式，祭祀亡魂。久之，就形成了祭祀上坟的风俗。

咬秋吃西瓜

三、中秋节

在我国古代历法中，农历七、八、九三个月为秋季，八月十五恰好居中，故称中秋节，也叫“团圆节”。现在中秋节是我国法定节假日。石家庄一带中秋节习俗食品是糖饼、圆饼（大饼）、圆圆的年糕。中秋节这天吃梨不能切开吃，不能说分梨（离）；切瓜果必须犬牙交错，切出花样。一家人分食一个月饼，切的块数必须和人数相等，不可多或少，每块大小均等，切开后放在小碟里每人一份。旧时名门望族或文化素质较高的家庭，一家人要在这一天猜谜语、赋诗或饮酒猜酒令。

石家庄人认为中秋节吃月饼的来历，与元末明初一位栾城名人有关。元朝末年，栾城农民起义领袖韩林儿，联合各地乡民起兵反元。他传递消息时特别小心，在饼心里夹小纸条，告诉大家消息。乡里男女老少在月光下吃圆饼，都明白韩林儿的意思。半夜，大家齐心协力揭竿而起，打败元兵。后来朱元璋把韩林儿封为“小明王”。朱元璋建立明朝，昭告天下把中秋节定作普天同庆的节日，把小圆饼定为中秋节“法定美食”。

石家庄是传统小麦种植区，制作月饼传统悠久，为体现中秋节月饼吉祥如意的文化内涵，明代以来，许多能工巧匠制作了丰富多彩的月饼模子。石家庄的收藏家吴振文、张亚杰等人搜集各种各样的月饼模子，洋洋大观。千姿百态的月饼模子，既是历代木工匠师智慧的结晶，也成为一种传统美食文化的历史见证。

四、重阳节

我国以“九”为阳数。九月九日恰好是两个阳数相重，所以称“重阳节”，也叫“重九”，如今被我国政府定为“敬老节”。在民间，有重九登高、饮菊花酒、插茱萸等习俗。咏重阳节的许多诗词名篇被传诵至今。唐代诗人白居易在《重阳席上赋白菊》中写道：“满园花菊郁金黄，中有孤丛色似霜。还似今朝歌酒席，白头翁入少年场。”

关于重阳的诗词中，以王维的《九月九日忆山东兄弟》最为著名：“独在异乡为异客，每逢佳节倍思亲。遥知兄弟登高处，遍插茱萸少一人。”诗歌抒发诗人的情感的同时，记载了古代重阳节登高、插茱萸的风俗，至今流传不衰，成为千古佳作。

重阳节习俗的来历有多种传说。据说汉高祖刘邦爱妃戚夫人被吕后残害后，戚夫人的宫

墙上雪饼子

女环环被赶出宫，嫁樵夫为妻。她与姐妹们叙述宫内之事时说：每年九月九日，上至皇后、妃子、大臣，下至侍众、辇夫、宫女都要佩戴茱萸，食蓬饵，饮菊花酒，以“九九重阳”求长寿。乡亲们纷纷效仿，渐渐传遍城乡，称九月九日为重阳节。

如今每逢重阳节，石家庄人纷纷到历史文化名城正定，登上古老的城墙，登上号称中国古代“凯旋门”的千年名楼——阳和楼，登上全国唯一的一座多宝塔——广惠寺华塔，登上河北古代最高的木塔——凌霄塔，登上号称“京外第一名刹”的隆兴寺大悲阁，凌秋风，观美景，看古城，品美食。孩子们还可以穿上古代服装，像贾宝玉、薛宝钗、林黛玉一样走在荣国府里。这不仅是正定旅游的新模式，也成为重阳节一道亮丽的风景线。

石家庄市的重阳节食俗，多用发面卷枣、栗子或肥肉蒸糕，糕谐音高，有的蒸九层糕，像座宝塔，上边用面食捏两只羊，寓意重阳（羊）。民谚说：“九月九阴，一冬温；九月九晴，一冬凌。”重阳节的天气情况可预测冬季气温的情况。这其中蕴含着石家庄人对气候观测的智慧。

第四节　冬季节俗

石家庄的冬季，漫长而寒冷。因此，古人围绕冬季的休闲、猫冬，创造了一系列节日习俗，也反映出鼓励人们冬季休闲的社会心理。

一、寒衣节

农历十月一日为传统寒衣节。寒衣节来源于民间孟姜女为丈夫送寒衣的传说故事。在长城内外广泛流传的一首民歌唱道：“十月里芙蓉十月一，家家户户缝寒衣，人家丈夫把寒衣换，孟姜女万里寻夫送寒衣。”这天人们都要用五色彩纸剪制寒衣，到坟头上烧给已故

冬天的必备

的亲人。有的将所剪制的寒衣，悬挂在树枝上或插在坟头上，寄托人们对故去亲人的一种缅怀之情。

石家庄人在寒衣节上午要到已故亲人墓地烧纸，称为“送寒衣”，为亲人送去越冬的“衣物”。全家兄弟姐妹一起为已故亲人烧纸祭拜以寄托哀思，也借此增进亲情。

二、腊八节

腊月初八为腊八节，从这一天起就开始进入过年的准备阶段，民间称为“忙年”。忙年歌谣道：“小孩小孩你别馋，过了腊八就是年。腊月二十三，灶王爷上天；二十四，扫房子；二十五，糊窗户；二十六，炖大肉；二十七，宰只鸡；二十八，把面发；二十九，蒸馒头；小年三十是除夕，贴上对联捏扁食（水饺）；大年初一大拜年，欢欢喜喜过大年。”这反映了石家庄最经典的忙年习俗。

腊月初八，全家老少喝腊八粥。尽管学者们认为喝腊八粥习俗来自佛教的信俗，但石家庄人这一天家家户户熬腊八粥。腊八是人们期盼过年享受全家团圆的吉祥节日，也是开始忙年的前奏。

智慧的石家庄人，利用冬季气温低的时机，用米醋腌蒜，使腊八蒜呈现翡翠般绿色，成为腊八节一道特色美食。韩国人把传统腌制泡菜的手艺申报为非物质文化遗产，其实，中国北方人腌制腊八蒜的传统手艺也可申报非物质文化遗产。

过了腊八，就开始杀猪腌肉忙年了。在石家庄的广大农村，具有悠久的养猪传统，一般家庭一年养一头猪，过了腊月初八，开始排队杀猪，每个村都有几位手法熟练的“操刀师傅”，为各家各户杀猪。按照风俗，一直忙到了腊月二十三，杀猪师傅就该歇工“封刀”了。所以，在腊月二十三，灶王爷升天之前，家家忙着宴请杀猪师傅，家家炖肉，户户煮猪下水，宴客喝酒。这个季节，正是“三九”时期，天气寒冷，便于猪肉保存。石家庄传统的猪肉保鲜法，都是煮熟后用糖进行红烧，然后把这种红烧的熟肉放在缸中，一层食盐一层猪肉，最后把炖肉的大油倒进缸中，形成厚厚脂肪防腐层。用这种方法腌猪肉，可以把猪肉存放到来年中秋节不变质，形成了石家庄特色美食。现在，尽管冰箱已经普及，仍有一些家庭传承这种传统腌肉技艺，从集市上买了猪肉，用传统方法炖煮、上糖色，用传统的腌肉缸腌制。腌肉也就成为

腊八醋

一道特色美食，尤其是腌肉韭菜馅水饺，是当地最具特色的传统过年食品。而平山县沕沕水景区的腌肉面和腌肉烧饼，还成了旅游美食。

三、祭灶忙年

腊月二十三，是传统祭灶日。这一天石家庄人家家户户把挂了一年的灶王爷画像焚烧，送灶王爷升天，说是向玉皇大帝汇报人间事。

传统民居一年打扫一次。腊月二十三，把灶王爷送走了，可以百无禁忌地打扫房间。尤其是传统民居的厨房灶台，烟熏火燎，布满灰尘，灶王爷不在的时候便于打扫。所以，腊月二十四，扫房子，是灶神送走后必须干的事情。

传统民居的窗户都是用毛头纸糊的，过年要把旧窗户纸撕下来，换新的。腊月二十四打扫完房间后，就要糊好窗户，这也很符合家庭工作流程。

过年，就是过春节。很多地方都把春节作为传统节日中的一个大节，而在石家庄不然。石家庄把春节作为一个跨年度的“过年”节日群的核心。过年的习俗与农耕时代的猫冬密切相关。为了在冬季充分猫冬，石家庄人把过年的时间一直延续到二月二，其中包括很多节日，组成一个以春节为核心的连续不断的节日群，其中忙年的年俗很有特色，很有看点。

忙年是石家庄人一年中最重要的大事。自古到今，不管城乡，无论贫富，都要认真准备，欢欢喜喜过大年。石家庄人把迎接春节的过程叫作“忙年”，在忙什么呢?

腊月二十七、二十八，是准备过年食品、供品、礼品的日子。农耕时代，走亲戚的礼物没有名酒名茶、瓷器茶具，而是家庭制作便于存放的面食。为了大年初一到初十充分休闲，蒸干粮、蒸花馍、蒸馒头、蒸年糕，炖鸡鸭，备菜品，都要在年前“齐活”。人们用石碾石磨碾米磨面，牲口拉碾，人力推磨。粮食磨碾需要五六遍，头遍面用来包饺子、蒸馒头，二遍面用来年后擀面条，剩的麸皮喂猪、喂牲口。如今各地都有面粉加工厂，很少再用石碾石磨了。以前农家一年四季吃粗粮饼子，只有在过年期间才能吃白面馒头，所以蒸馒头是忙年的喜事。一般人家正月十五以前不蒸干粮，所以年前要把过年馒头都准备好。把蒸好的馒头点上红，放入缸中随吃随取。面食的花样很多，捏成小动物形状象征吉祥如意，卷上几个红枣叫枣糕，寓意“早日高升”。

小寒大寒　杀猪过年

石家庄人过年有做豆腐的习俗。“豆”与“都”谐音，“腐”与“福”谐音，“豆腐”即“都福”，都有福。农家每年在垄沟边、地边种些黄豆，过年时做豆腐，种些绿豆过年时生豆芽菜。

石家庄是粟作农业的发祥地，有七八千年种植黍粟的历史。石家庄人过年蒸的金黄年糕，是一道美食。黍子脱皮称“黄米”，黄米面叫“黏面”，蒸的糕即“黏糕”。“年”与“黏”谐音，“高”与“糕”谐音，“黏糕”称“年糕”，意思“年年高”。黄米年糕味道甜美，而且金色象征财富与吉祥，所以就成为石家庄人过年必备的食品。

为了过好年，妇女们在传统大院里协同配合，在忙碌中强化长幼有序、尊老爱幼的传统美德，强化姑嫂、妯娌们间的和谐礼让传统，让家族、家庭更和谐。

过年要穿新衣服，这是石家庄人热爱生活的美好传统。每家的妇女都要为家人制作新衣裳，孩子们穿新裤子、新袄、新鞋、新袜，戴新帽。一家四五个孩子，里里外外四五件衣裳全靠妇女起早贪黑缝制。过年时，每个孩子穿戴好，总要到人群里谝谝，大人面前显显。所以，传统的家庭妇女从一入冬就开始为家人裁衣做鞋，一家老小的衣服都要一针一线地缝制。她们干的着实是忙年时最辛苦的活计。

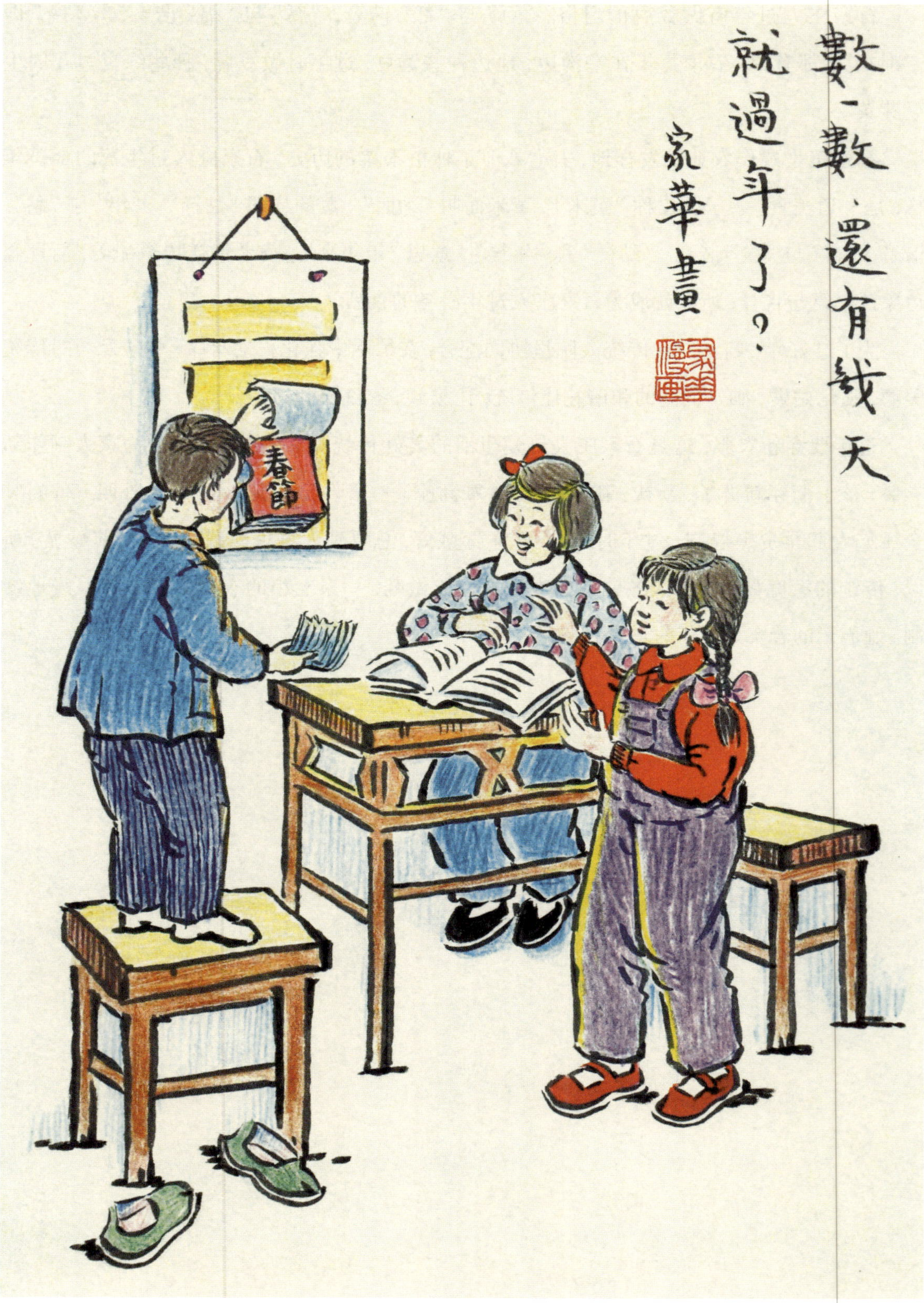

数一数，还有几天就过年了

四、除夕

除夕，就是春节的前一天。这一天，石家庄人家家户户必须贴窗花、贴对联。人们用红纸剪成人物、动物、花草等各式图案，以示吉祥。对联内容多半是盼望五谷丰登、和睦、吉祥、福寿等。有丧事的人家当年不贴对联，次年可贴紫色联。庙宇贴黄纸黑字联。仓房、猪圈、大车、牲口棚、衣柜、水缸乃至大农具上都要贴上吉祥话。

农家讲究贴年画。传统年画有“莲（连）年有鱼（余）”“三阳开泰”“松鹤延年”“状元及第”“松竹梅”等。

石家庄人还发明了一种过年的吉庆招幌，叫“吊挂”。不论城镇还是乡村，家家贴窗花对联，还到处悬挂赏心悦目的吊挂。吊挂由军队旗帜演变而来，其制作材料分两类：一类是布，一类是纸。布制吊挂叫旗子，由彩色布制成，周围镶着犬齿状红布边，分为竖幅和横幅两种，尺寸根据场合确定。纸制吊挂用糊窗户的毛边纸做成。一般为竖幅长方形，宽1尺半左右，下边粘贴燕尾状尾巴。用各种颜色洇染成各种花样图案，色彩斑斓。

旗子、吊挂和灯笼的悬挂位置不尽相同。旗子悬挂在街道，吊挂则四幅一组，同一组花色图案避免相同，粘贴在绳上，横拉在街道、院内和大门口上端，因四幅在同一根绳上，所以一组俗称“一绳”。街道上的灯笼和吊挂搭配悬挂，一绳灯笼（两盏）一绳吊挂。无论旗子、吊挂，还是灯笼，都要在除夕这天悬挂就绪，正月十七摘下，收藏好来年再用。整个春节期间，大街小巷，宅室庭院，全都披上了节日盛装，灯火辉煌，吊挂飞舞，花花绿绿，五彩缤纷。

在除夕，石家庄人有熬年习俗，叫“守岁”“坐年”。家家户户点灯守夜，一家人坐在一起说长论短盼丰年。老人们给孩子们讲故事，家长诉说一年全家收支情况。守岁还要一起包饺子。饺子与“交子”谐音，是包饺子等候子时之意。石家庄传统习俗从除夕到初四不许扔垃圾（据说是为聚财），不许说不吉利的话。

爆竹声中一岁除

五、春节

大年初一，开始拜年。石家庄拜年风俗，传承了汉族的传统，以父系社会的远近亲疏顺序进行。初一先向长辈行磕头拜年礼。先在自己家给长辈拜。先拜爷爷奶奶、父亲母亲，再拜伯伯伯母、叔叔婶子。一家人按辈分、年龄排好，长子、长媳拜了，次子、次媳拜，长孙、长孙媳拜了，次孙、次孙媳拜……有祠堂家庙者要拜祖宗。

随着时代发展，传统拜年习俗发生了变化。尤其是在城市，实行团拜。机关、事业单位、企业住在一起的人，大年初一早晨在楼里、院内互相团拜，团拜完后，再单独登门拜访近亲好友。现在电话拜年、微信拜年、视频拜年成为新时尚。送贺年卡、送贺年信、送鲜花也十分兴盛。拜年是交流思想、联络感情、消除隔阂的好形式，两千多年久盛不衰。如果彼此有隔阂，过年一拜年就算解了，继续和好如初。

大年初一家庭内部拜年礼毕后，再到同祖家去拜年，顺序仍按辈分、年龄排，不能图省事先拜近邻后拜远处亲人。必须拜完同祖后拜本族，再拜邻居、拜朋友。同辈人在大街上相遇，互拜并道声“恭喜发财”“新年好”。大街小巷，成群结队，川流不息，十分热闹。拜完同祖、本族以及左邻右舍后，上老坟拜祖宗。女人们不走遍全村，只是婆婆领着儿媳妇，穿戴一新在自家院里（五代以内）拜。也有本家老妯娌一伙，小妯娌一伙，互相问候，施礼致意。

大年初一，为招待客人，各家各户备有蚕豆、青豆、花生等小吃，如今常备烟、茶、糖、果等，花样繁多。边吃边聊，十分随意。

从初二开始走亲拜年。石家庄兴初二闺女携女婿回娘家拜父母，父母有亡者，初三回拜、上坟。

初三、初四，到姥娘（外祖母）、姑姑或舅舅家拜年。为了充分享受亲情和团聚，传统习俗规定一般要中午吃了姥娘、姑姑或舅舅家的饺子才能回程。

正月初四，是石家庄人迎灶神的日子。一大早，人们到庙会上请一张灶神像，民间有“送神早，接神迟”的说法，送神要一大清早就开始，而接神放在下午也未迟。迎神供品要备三牲、水果、酒菜，焚香点烛，以示恭敬。

从初一到初四，大部分商铺关张打烊，但喜欢热闹的人不缺去处，最有中国年味的庙会就是不错的选择。一般在寺庙附近，祭神、娱乐、购物一条龙，好看好玩好吃的应有尽有。最近这些年，石家庄正定古城春节庙会从初三持续到初十，庙会上有各种民俗文化展演，旅游商品展销，热闹而好玩。

比红包

六、送穷日

正月初五是“送穷日”，民间叫“破五”。要早起把除夕以来积累的垃圾清扫干净扔出门，叫“送穷”。清晨放鞭炮，称“崩穷”，把“晦气”“穷气”崩走。这一天所有活动都与送穷相关。从初一至初四四天没干活了，初五放炮“崩穷”后，要干一天活，称“恨穷”。

送穷风俗由来已久。唐代送穷在正月最后一天。唐代姚合《晦日送穷》中说：“万户千门看，无人不送穷。”韩愈《送穷文》指出，“五穷”就是“智穷、学穷、文穷、命穷、交穷”五种穷鬼，“凡此五鬼，为吾五患”，这天要“结柳作车，缚草为船……去故就新”。

《栾城县志》：“五日，扫除秽土置门外，曰‘送穷’。”《赵州志》记载赵县人送穷，初四晚上开始“筹划”，把室内卧席尘土扫出来，用纸扎一个小媳妇儿，叫“扫晴娘”，又叫“五穷娘”，手握小笤帚，肩背纸袋，盛上粮食，放在簸箕里。初五早上，听到有人在门外喊，“送出五穷媳妇来”，就开门把“五穷娘”送出去。

破五忌讳串门、走亲戚，除了“送穷”，初五这天还有很重要的事情要做，就是全家包饺子。初五不串门走亲戚，一家人坐在一起包饺子。人们给这顿饺子赋予吉祥的含义，初五吃饺子——招财进宝。石家庄城市服务业门店，也约定俗成地选择初五开张。初五时，朋友们既不到你家，你也不去他家，到饭店、酒吧、茶馆、咖啡屋，聚会聊天。现代社会，初五成了春节小长假中的社交日。

空竹、心里美和冰糖葫芦

七、正月吉日

正月是石家庄人约定俗成的休闲月，从初六到十五，每天都有讲究。可以选择日子到姨、舅舅等亲戚家拜年，或者拜师访友。正月初六是“马日”，古时候叫“挹肥”，就是牛马出门的日子。过年期间，人们走亲戚、串门子，农耕家庭牲口圈在家里时间长了会养懒，所以，“马日”必须让牛、马、驴等下地干活。

正月初七是传统“人日节”①。“人日”源于女娲创世造人的传说，是人类的生日，又称“人启日”或“人胜节”。求子是人日节传统祭祀活动。初七逢人便说麒麟送子之类的吉祥话，青年男女到寺院祈求降福赐子。家家户户熬菜粥，放芝麻，寓意“多子多福”。

正月初八是“祭星日”，传说这一天众星下界，各家点燃小灯祭星星，称为“顺星”，也称“祭星”“接星”。依照道教和星象家的说法，每人每年都有一位值年星宿，也叫“流年照命星宿”。

正月初九是“天日”，是“老天爷”的生日。这一天，民间祭拜玉皇大帝。道观打醮，备香、花烛、斋碗，膜拜苍天，祈求天公赐福。

正月初十是“石头生日”。石碾、石磨等石质工具都不能动，称“石不动”“十不动”。家家户户向石碾和石磨焚香致敬。磨豆腐作坊歇业一天，举行祭磨仪式，上供祈福。午餐一般要吃烙饼或火烧，象征财运亨通、红红火火。晚上一家人聚到一起包饺子。

正月十二是“烤火节”。石家庄一带山区保留着烤柏灵火的习惯。从山里砍来柏树枝子，放在火堆边。黄昏时在自家门前点燃柏树枝，一家老幼围坐火边烤柏火，谐音“烤百火”“烤百龄火”，避瘟驱邪。把不用的旧物件统统烧掉，把剩余的柏枝雕成“柏锁”，系上绳子，挂在婴儿脖子上，求长命百岁。孩子们走街串巷烤百家火，以求一年不生病，无灾无恙。

正月十三，民间过“老鼠日”，说是老鼠娶媳妇的日子。头天晚上将糖果、花生放置阴暗处，敲锅盖、敲簸箕，为老鼠催妆。“老鼠嫁女”忌开启箱柜，怕惊动老鼠。晚上不点灯，全家坐在炕头上，摸黑吃着用面粉做成的“老鼠爪爪”“蝎子尾巴”和炒豆。吃“老鼠爪爪”表示期望老鼠爪子发痒，早些起来行动。吃“蝎子尾巴”是希望老鼠嫁女出洞时不受蝎子伤害。吃炒豆发出嘎嘣脆响，是给老鼠娶亲放鞭炮。俗话说“你扰它一天，它扰你一年”。这一天人们为了不惊扰老鼠很早就上床睡觉。第二天早晨，人们把老鼠窝堵住，永绝后患。这一天，家家吃饺子，称“捏老鼠嘴”，意思是把老鼠的嘴捏住，不让它偷吃东西。

放零炮和磁溜花

八、元宵节

农历正月十五为元宵节，又称灯节、上元节，是全年第一个圆月日。“元”即“首”之意，“宵”即夜。石家庄元宵节的食俗，古时是“十五饺子十六菜（粉条、豆腐、白菜、肉）”，主食是饺子和白面馒头。在古代，石家庄原本无吃元宵的习惯。从初一到十五，一般家庭不蒸干粮。春节前准备的主食随吃随取，基本上吃差不多了。所以，在元宵节人们居家包饺子、蒸馒头。元宵、汤圆类食品是近代从外地传入的。改革开放以来，人们富裕了，才变着法吃，摆弄着吃，石家庄人日渐兴起吃元宵的习俗。

元宵节除了吃饺子、吃元宵的习俗外，石家庄一带还有挂灯笼、猜谜语习俗。不少人家从集市上买小灯笼，而自己家扎灯笼则是富庶家庭的一种雅兴。多采用高粱秆做架，灯笼多数是方形、长方形、菱形的，手巧的制作“走马灯”。架外糊白纸并稍加点画，写上诗歌、谜语。里边点燃蜡烛或蜡钵。晚上孩子们用木棍挑着小灯笼满街跑，之后将其挂在自家门口。

石家庄市藁城区的宫灯历史悠久，宫灯扎制技艺入选国家级非物质文化遗产名录。相传，东汉藁城美女郭圣通成了光武帝刘秀第一位皇后，指定老家藁城人制作彩灯进贡宫中，因此藁城彩灯被称为“宫灯”。藁城宫灯出了名，乾隆皇帝把这里的宫灯挂在自己宫殿中。千百年后，在上海世博会上，带着浓浓中国味的藁城宫灯还成为装点中国馆的重要元素，藁城宫灯也传到了五湖四海。

近几年来，各县（市）都举办元宵节灯展，把这个传统节日灯展与文化旅游结合起来，利用现代新科技制作出形状各异、种类繁多的大型彩灯，有的直径竟达几米，光彩夺目，闪烁耀人。有的利用电子程序控制，制作颇有情趣的“金鲤跳龙门”“莲花藏仙女”“五女拜寿”等花灯。更为有趣的是“松下问童子，言师采药去，只在此山中，云深不知处”的场景，有背景，有人物形象，有声音，栩栩如生。

此外，各地热闹非凡的“花会”、社火更是元宵节的重要节目。元宵节当天，石家庄无论山区、平原，不管城市、乡村，县县有花会，村村有社火，更增添了节日的欢乐喜庆气氛。

元宵节是中国古代带有男欢女爱情调的节日，可以比作西方的情人节。在这一天，深闺中的女子可以出门观灯，约朋友见面。灯会上有乐舞百戏，各色衣裳映着灯光十分好看。历代文人不吝笔墨，写出很多好词好句。唐代栾城才子苏味道就有一首名为《正月十五夜》的诗，其中写道：“火树银花合，星桥铁锁开。暗尘随马去，明月逐人来。”说的正是元宵夜的风光。

红灯笼

良辰美景中，男男女女点燃爱情火花，小伙给姑娘买朵花，姑娘给小伙送个荷包。欧阳修的那句“去年元夜时，花市灯如昼。月上柳梢头，人约黄昏后”真是传神之笔。辛弃疾《青玉案》中的“众里寻他千百度，蓦然回首，那人却在灯火阑珊处”，描写的也是元宵佳节的爱情故事。传统戏曲中的《陈三五娘》说的是才子佳人在元宵节灯下一见钟情的故事。《春灯谜》中的宇文彦和影娘也是在正月十五订下了终身。元明清三代，河北戏剧作家写了不少关于元宵节的爱情戏。位列元曲四大家之一的白朴，从小生长在真定，是真定养育了白朴。他也把元宵佳节男欢女爱的场景嵌入了写给艺人天然秀的情诗中。

注释

①明代无名氏辑《古书》（四库全书影印本）记载，女娲创造万物的次序是“一鸡二狗、三猪四羊、五牛六马、七人八谷”。南北朝的《荆楚岁时记》记载：“正月七日为人日，以七种菜为羹。”

玻璃都贴米字格

第五章 居住习俗

石家庄市西依太行山，东部是滹沱河冲积平原，地势西高东低，涵盖了山地、丘陵和平原等多种地貌类型，但民居建筑的差距并不很大，尤其是到了当代，山区、丘陵地带的居住风俗和房宅式样与东部平原区日益趋同。

第一节 堪舆择地

从古至今，石家庄人选择居住地时很重视风水。古人言“宅，择也。言择吉处而营之”。人们总是把选择“风水宝地”摆到首位。

一、堪舆理念

择址标准是地势好，习惯选择地势平坦或稍高的地方，以求方便出行、通风、防洪。还要离水源近一点。因为过去家用水井较少，一般都是公用水井，距离水井太远对生活有诸多不便。要尽量避开在风口、河谷（尤其是谷底）及背后没有山坡依托的地方建房，以便防风、防涝。还要尽可能避开滩地建房，防止夏季洪水漫灌房屋，冲掏房基，影响住房安全。

山区和丘陵区建房通常选择背靠山坡的地方，平原区选择西北高东南低的地势建筑村落或宅院，民间称为风水好。其实这完全符合地理学的择址理论。石家庄地处华北腹地，具有西高东低的地貌特征和冬天刮西北风、夏季多雨的气候特征，使山区必须正视冬季御寒

讲卫生大扫除

问题。依托山坡挖建窑洞或盖筑平房，正好解决防风御寒问题，居室冬暖夏凉。平原区宅院保持西北高东南低的基本格局，可以保证正房在冬季大风或夏季雨水较多时的安全。

石家庄人非常忌讳在道路尽头建房造宅。正冲着道路的房子叫作“犯路冲”，风水学上叫作“穿剑煞”。这是一种择址的社会文化心理取向。其实这种选择也能找到一定科学依据，一是因为“犯路冲”的房子在洪水泛滥中肯定首先被冲没，家人的生命财产安全难以保障，这是古老的生态学取向；二是“犯路冲”的房子夜晚必定受灯光直射的困扰，会导致老人严重失眠，孩子不能健康发育，甚至诱发抑郁症。

另外，造宅建房择址忌讳“反弓水”之地，就是河流转弯的弓背之地。这也是石家庄人千百年来沿河而居积累的经验和教训。凡是反弓水之地，都会在地转偏向力作用下，不断冲击河岸，加剧河岸弯曲，掏空河堤。把宅子建在这种险恶之地无法保障家人的安全。

二、择地取向

聚族而居曾经是所有村民秉持的传统居住观念。但是经过长期反封建斗争和农村社会主义改造，封建宗法制度失去了存在的经济基础。传统家族意识也日趋淡化，原有宗族中的族长，也丧失了对宗族经济和宗族人口的支配权。作为独立经济单位的家庭规模越来越小，尤其是小家庭经济实力在不断增强。20世纪70年代后又实行了农村规划（分配房基地），使得“张家胡同”“李家院”之类的聚族而居的情况已经不大可能出现。虽然现在也有四世共存者，但“四世同堂”者却极少见。时下在石家庄各地，已婚独生子女同父母分居者有相当比例，这在历史上是罕见的。

居住建筑的安全可靠也是重要取向。一般选择人烟稠密处营建房屋，认为群居可增强安全感，认为人多的地方人气旺盛，必然人丁兴旺、多子多福。喜欢同族同宗相邻而居（聚族而居），希望得到同族同亲帮助。同时注重选择品德高尚、教子有方的人家作邻居。

许多人要考虑房屋到自家土地的距离、道路交通、水井水渠等各种因素。石家庄人最忌讳在府前庙后建宅第。石家庄人认为，衙门是诉讼之地，人员嘈杂，在其附近居住非常不吉祥。而寺庙、庙祠背后，香烛长燃，晨钟暮鼓，僧侣诵经，严重影响居家的静谧，不适合居家过日子。从社会心理学来说，这种地方确实不适合居住。在现代社会里，政府大门

垒炉灶

前、寺庙古建筑的周围，交通拥挤，经常限行。

另外，寺院、道观、庙祠背后通常是一面高墙。古语说“不撞南墙不回头”，“南墙”说的就是寺院、道观、庙祠背后的那道墙。守着这样的墙过日子，心里不舒服。谁家过日子，难免家人会闹病遇灾，可一旦有病或者有点麻烦，都觉得跟居住环境有关系。这原本是迷信思想，但一旦形成一种文化观念，就成为人的心理暗示，所以在这些地方附近居住就感觉不吉利。

新中国成立后，石家庄市区及周边城区的居住条件日趋改善。改革开放以来，从建房物资到建房思想都大为变样，整个建房群体中传统的“因陋就简”思想已经消失。人们不仅追求住房结实、实用，还注重美观。因而，平房和楼房的高度、跨度越来越大，内外装修工序越来越多。新建房屋不仅要设计大人的居室，还要设计子女的居室；不仅要有卧室，还要有客厅、厨房、卫生间及地下室；不仅要通过高门大窗采光取暖，还要安装锅炉暖气御寒保暖。功能越来越齐全，外观越来越好看，质地越来越高档，面积越来越大……

深藏不露的择地观念被交通便捷和便利商租所取代。古时因为经济收入微薄，家财寡少，人们害怕被抢劫与盗窃，所以在选择房址时，都尽量避开大道、路口等要冲之地，恪守“深藏不露”的千年古训。改革开放后，商品经济迅猛发展，在充盈人们钱袋的同时，也改变了人们的房居思想，人们都乐于把房院营建在村中央或村内外的大道、路口附近，以求交通方便，购销便捷。还有一个更重要的原因就是经商盈利。许多家庭都把临街靠路的房间建成或改建成铺面房，自己经营或租给别人从事商业活动。

三、环境植物

千百年来，人们对居住环境与庭院种植物的选择，形成了具有地方特色的文化观念。石家庄人认为庭院里不能只种一棵树，因为四合院种一棵树是“困”，不吉利。柿子树须种两株，叫“事事如意”。种植石榴树象征“多子多孙”。种植国槐昭示“福荫子孙”。

石家庄住宅种树很讲究，“前不栽桑，后不栽柳，窗前不种鬼拍手”。门前不种桑树，因为口彩不好，桑树的“桑”和报丧的“丧”谐音。所以，门前绝不种植桑树，可以种在屋后。“后不栽柳”是为了防贼。柳树以曲为美，但便于窃贼沿着树登堂入室，所以房屋后面不种

糊窗棂

柳树，是为了保障家庭安全。窗前不栽鬼拍手——杨树，是防止树木引发噪声污染，避免杨树在风雨中产生噪音而使家人失眠。这是很科学的。

有些不喜欢种树的人家，以种植丝瓜、豆角等蔬菜为首选，以弥补“糠菜半年粮”的饮食之虞。随着经济收入普遍增加，石家庄人衣食无忧，对庭院种植物的选择发生了很大变化，把目光转移到了具有观赏性的葡萄、桃、李与各种花卉。种植它们既愉悦身心，提高品位，又美化居住环境。

改革开放以来，石家庄各地的居住习俗，随时代发展而发生了很大变化。在变化过程中各地独具特色的传统居住习俗也逐渐消亡，趋同性极强的现代居住习俗占据主流地位。这对传统民俗的传承来说，不能不说是一大损失。

第二节　风格布局

过去，石家庄人的宅院布局，以“四合院”为主。一般以坐北朝南的北房为正房（北正房），另有厢房（东、西房）及南房，围筑成一个方正的四合院。正房与厢房既可单独成幢，也可以北东、北西，或北东西房一体建构，还可以通过走廊将各房连接起来。

一、样式

平房是最普通、最一般的平民住宅，状似一个方形盒子，前山墙顶由向外突出二三寸的青砖或者是突出一尺左右的椽子，支托房顶，形成一个房檐。20世纪70年代，人们习惯用打成的水泥小椽，80年代人们则喜欢用小水泥板代替原来的木头椽。平房的房间数各地不一，一般有三间、四间、五间三种类型。在房间的布局上，三间房的开一个堂屋门，从堂屋内再分别向两侧房间各开一个小点的门，俗称“帘子屋”。如果是四间房，一般开两个门，堂屋一

冬天备黄土

个，组成三间“帘子屋”，套屋（耳房）开一个，单独成屋。如果是五间房，一般开三个门，堂屋一个，两头套屋各开一个；最少需开两个门，堂屋一个，两头套屋任意开一个。一般每个房间南面都有窗户，北面为了防风御寒，一般不安窗户，或者有个很高很小的窗户。

牵檐房又叫厦架房、厦子、抱厦等。与平房的主要区别是在阳面山墙外再增加二檩宽度，由数根明柱支撑，形成一个独立的敞廊，廊顶和廊基（厦台）都与原房是一个整体，可防夏季雨水溅进门窗内，窗前厦台里也可以堆放一些生产工具和生活物品。牵檐房与平房在房间数上是一致的。只是在开门方向上有所变化，三间房子可以都盖牵檐房，中间开一个门；也可以盖两间牵檐房，剩余的一间同厦台盖齐，房间在东头就冲西在厦台上开门，反之则冲东开门。四间房子可以盖三间牵檐房，开门方法同三间一样；也可以盖四间牵檐房，堂屋和套屋各开一个门。五间房子一般盖三间牵檐房，中间开门成帘子屋，两头同厦台盖齐，东、西两头相对开门，这种叫“燕窝牵檐”。牵檐房的檩木是由明柱支撑的，明柱数量同梁数一样。20世纪80年代初，人们把小水泥梁同房屋里边的大（圈）梁连筑在一起伸出前檐，叫作“挑梁”，这样就取消了明柱。挑梁的牵檐上一般铺放水泥板，简便易行。

瓦房主要是针对平房和牵檐房的顶子而言。如果是铺瓦的顶就统一称作瓦房。瓦房一般都由青瓦铺成脊状，以便迅速排泄雨水。由于瓦房的造价较高，普通百姓建盖较少，多是衙署大户才盖。

楼房指的是两层和两层以上的房子。过去，石家庄楼房很少，在20世纪三四十年代，楼房大都是街市的门店，有的一层当门市部，二层居住或办公、待客，楼房的造价太高，普通百姓盖不起。20世纪80年代后，石家庄各地普通百姓建楼房的日益增多。

窑洞是西部山区拱碹式房屋。窑洞形式分为两种：开挖式，是早期人们直接在山体上挖洞成屋；垒建式，是依傍山坡人工垒石、顶部发碹建成的窑洞。窑洞内部结构也分两种：直（筒）式，每孔窑洞各自独立、单门单窗；复式，窑洞内部完全或部分相互连通，如同平原的帘子屋。现在开挖式窑洞已基本绝迹，垒建式窑洞还比较常见。过去窑洞的门窗上方墙壁均是圆碹，20世纪80年代前后多改为半碹式。后来，除窑洞的前山顶是圆碹，门窗部分基本都改成了方形。

进入20世纪90年代以后，西部山区也大量建盖平房，式样、材料同平原地区没什么两样。

白菜大葱蜂窝煤

二、布局

石家庄民居格局，都是先建正房，确定宅子的主位，然后建造厢房。厢房一般是先盖东房，再盖西房。只盖一面厢房则盖东不盖西，因为过去人们认为东厢房是少男地，西厢房是少女地，如必须进行抉择，多选少男地，重男轻女思想由此可见一斑。在各房高矮上，北正房最高，东厢房须比北正房低二寸，西厢房又要比东厢房再低二寸。长尊幼卑、男尊女卑的思想，通过建筑形式得以反映。在山区的部分村庄，东、西厢房到北正房的距离不能小于五尺。

过去，有的大户有两进甚至三进四合院，须把中间房子堂屋留作过厅或者留下居中位置专门建门楼，进大门后的二门、三门等门楼或过厅都是直进的对开扇门，头道大门楼则不能直进，如果是南北方向进出，须将门楼对面用木板做成薄墙，挡住正面，从侧正一方或双方通过；或者开巽门，从东西方向进出。如若只盖门楼头，不管从哪个方向进出，则必须在门楼对面建盖影壁墙。普通人家因为院子太大，也有把院子分成两进的，一般是在院中央修一道墙，墙的中部盖门楼头或大门。

如果在自家宅院挖掘水井，其位置要在院落中心线东边一侧，石家庄人认为那是龙地，水源充足。

院落的西南角是盖猪圈的位置，但圈棚高度不可太高；一般人家的猪圈都是“连茅（厕所）圈”，一个猪圈留两个厕所，猪圈的西北角留一个，猪圈的东南角留一个，但厕所门一般都开在院墙外面临街处，作为男厕或过往行人的公厕，基本上都是露天的。在山区则把猪圈盖在院外，而且不能盖成“连茅圈”（厕所是独立的），因为人们认为那样不卫生。四合院、三合院的圈厕因院内无可建之地，也只能建在院外适当地方。

北正房院落的大门大多开在院落的东南角，这里是八卦中的巽地，故俗称巽门，有些宅院大门位置是由摆放罗盘决定的。普通人家的大门，只不过是一面“栅栏”而已，平常栅栏是先用木棍做成框架，再把秫秸、葛针、树枝等物别在或钉在框架上，一端套在或者绑在内侧固定的木桩上，早晚开关即可。一般人家都建有质量不同的影壁墙。少数富裕人家，对大门比较讲究，要在门口盖一个高门楼，安装木制大门，结实美观。

新中国成立后，特别是20世纪70年代以来，随着经济水平的普遍提高和房宅数量的逐渐增多，许多小家庭建立不久就同长辈分居独住，这就使得人们已没有必要在小院中加盖配房，建成四合院，所以许多人家便只盖东厢房，并且把厢房最南面一间留作大门洞。经过绘

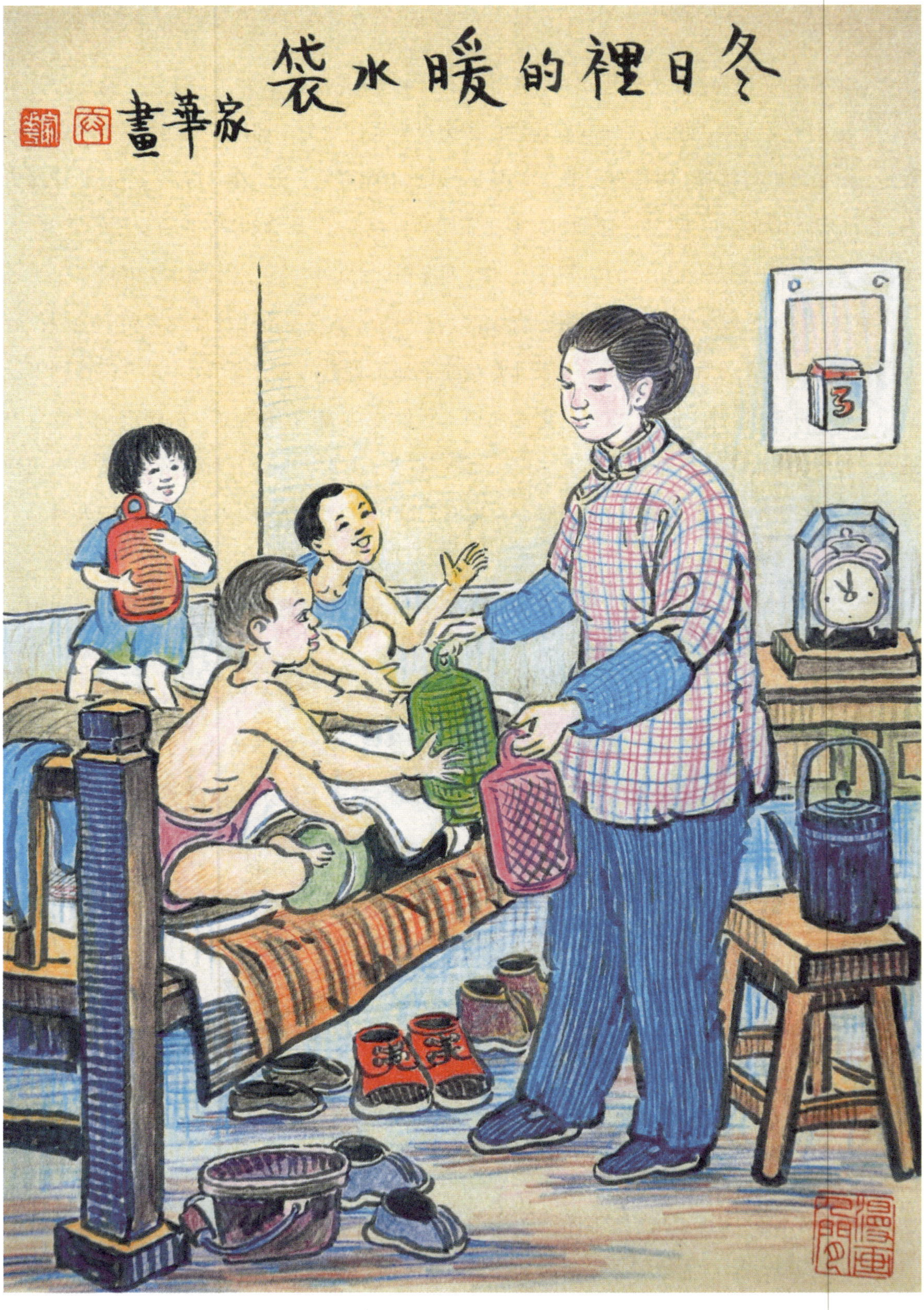

冬日里的暖水袋

制、粘贴墙面和安装铁大门或木大门，这样既简洁实用又经济实惠。虽然现在宅院的配房少了，但正房的面积却成倍增加，院墙的质量与高度也大为提高，许多院墙的高度同正房的山墙高度已是不相上下。

现在，在平原上建门楼的已经不多了，山区还有建筑门楼的习惯。但无论是门楼还是门洞的规模与质量都很上档次，贴瓷砖或瓷砖壁画已经极为普遍，多数还贴上诸如“紫气东来”“幸福之家”之类的瓷砖门楣联和各类瓷砖对联。为了通过拖拉机等车辆，多数大门修建得都比较宽大，这就使得现在的住宅大门非常美观气派。

三、室内装修

古时对室内地面处理都很简单，用打坯的“杵子”（有的叫“碡子”，即在8寸左右的方底或圆底石臼上安有一个长“丁”字木手柄的工具）或小木夯，把地面砸实就行。有钱人家铺一层“八砖”（方砖）。

新中国成立后，特别是改革开放后，石家庄人对住房的装修也开始讲究。不少外墙用水泥、水刷石、瓷砖甚至大理石包装起来。内墙用白灰（掺麻刀或玻璃纤维）抹光或水泥压光之后，再用涂料涂刷，有的则刮仿瓷涂料。富裕农村或城镇的不少人家，尤其是盖楼房的人家，还要贴壁纸或木质装饰板进行装修。新房都是水泥、瓷砖或水磨石地面，部分楼房铺装的是木地板。屋内的房顶也要用石膏板等吊顶或制作灯池、灯饰。屋内墙壁要装饰壁灯、壁画、条幅、博古架等。

四、睡炕锅灶

在室内设施布置上，过去基本上就是火炕、锅灶。以北正房为例，火炕都盘在东、西卧室南面，高度以一立坯（40厘米左右）加一横坯（20厘米左右）为概数，基本上就是坐炕时，膝盖以下的小腿高度同火炕高度持平。火炕长度是整个房间的东西长度，宽度不定，以能横躺休息为准则。因为炕里留有烟道，故人们常以留几个烟道为宽度单位，叫“几洞炕”，如“八洞炕”就是内有八条烟道。烟道通过炕东（西）南角处的洞口同小山墙外面的

棉门帘和风兜

灶台相通，只要烧火做饭，炊烟便通过火炕中的烟道经东（西）南角处进入南山墙中预留的烟囱道，由房顶的烟囱排出。这样，既可以使烟气及时排出，又可保持火炕在饭后温热不潮，利于人们睡眠时取暖。过去火炕都用土坯来盘，下边用大坯支插烟道，上面用薄坯平铺，最后用滑秸泥抹平整。也有的并不在堂屋盘灶台，而是在"厦架房"的阳面墙外靠两边盘灶，再通过山墙与屋里的火炕连接。炕根下盘一不足半尺的小锅台，上置洗脸盆大小的铁锅，用于做饭和冬季热炕。

锅灶都是安在堂屋门两侧的贴墙角处，有用砖垒的，也有用坯垒的，高度和大小由铁锅大小决定。一般用五印锅、六印锅的较多。锅台外侧底部中间留有小风口，用于安插风箱风嘴，抽拉风箱鼓风。锅台前方有火道穿墙与内室的火炕相通，借以排烟和热炕。

五、居住仪规

由于石家庄普遍存在"四破五"（在四间房的地盘上设计成五间房，以求居中对称）的建房习俗，所以以居中一间为堂屋，作为过厅和厨房。人们信守东为大的古训，故堂屋东侧一间为上房上屋，由家庭中年龄最大的长辈居住；其次是堂屋西侧第一间，为上房次上屋，由次辈居住，再次是东厢房、西厢房。南房一般作牲口棚、碾（磨）棚或帮工住房等。一些比较大的宅院要分两进、三进甚至更多，这种情况以最后院正房为上。在山区窑洞里，以正冲大门的一间为上房，如不居中，则以其左为上，由年龄最大的长辈居住。

目前，因为家庭经济实力和审美意识的增强，人们普遍从实用性的角度出发，对平房和楼房布局进行较大的调整：新增或加大堂屋的面积，作为客厅用于迎来送往和红白喜事的活动场地。

六、室内陈设

新中国成立前，农村的富裕户，居室内多布置成套的立橱。一般是两个立橱、一个橱楔、三个配套的橱顶箱，立橱前面是坐柜；还有迎门橱、炕橱、方凳、条凳、洗脸盆架、火盆架等。在迎门橱上置梳妆镜、梳头匣、掸瓶、茶盘、茶壶、茶碗等。堂屋内靠北墙置方桌、太师

棉门帘

椅、条几，靠方桌的墙壁上挂中堂画和条幅。少数豪门望族和巨商有专门客厅，摆设更加豪华，要用红木家具，有名贵瓷器、金银器皿和玩物等。

普通农户没有成套家具，只在居室内摆一个立橱、一个迎门橱、一个坐柜，俗称“半套家具”。贫困农户的居室内，只有简单的破旧家具，有的甚至一件家具也没有，在放迎门橱的地方垒一个土台，以备放灯盏之用。

新中国成立后很长一段时间内，农民居室摆设没有大的变化。20世纪60年代以后，才出现了用人造板做的新式立柜、酒柜、高低柜、写字台等。20世纪80年代，祖祖辈辈住土屋、睡土炕、坐蒲墩的现象被彻底改变，新式家具普及，组合家具流行，沙发、茶几、圆桌、折叠椅、双人床、弹簧床等进入普通百姓家。在一些集镇和工副业较发达的村庄，不少人家的室内摆放了洗衣机、电风扇，甚至电冰箱。为了不让传统的锅灶熏坏漂亮的住房和高档家具，许多家庭另盖了厨房，睡上床铺，有的还安装上土暖气，撤去了冬季室内取暖的煤火炉子。

为了美化居室，20世纪80年代许多家庭的中堂画已改为布轴画，墙壁上布置带框的玻璃画，少数人家在墙上镶嵌了瓷砖壁画，不少家庭摆设塑料盆景。

第三节　公共建筑

中华民族聚落建筑中最具文化魅力的一定是公共空间的建筑，它承载着一个村庄、一座城市的文化信仰和社会交往的功能。许多传统村落，虽然民居很有个性，但是公共空间建筑几乎空白，这样的村庄往往是文化贫瘠区，文盲较多。而有一些传统村落公共建筑恢宏、文化厚重，村民文化素养较高，人才辈出。因此在连宅成村的过程中，各地的公共建筑就是当地公益性文化的集中体现。

吃冰锥儿

一、戏楼

戏楼，有的叫戏棚、戏台或歌楼，是纯粹的文化娱乐设施，有的是从建村之日就兴建的，以后随人口增多又不断变换地址和规模。在保存戏楼较好的村落，有的一个村庄有不同时代的几幢戏楼，早的建于明清时期，晚的建于改革开放初期。戏楼规模也从早期的一间房大小到现代近百平方米不等。戏楼的筹建资金基本由村民捐献。因此，古今许多戏楼前都附有刻记捐建者姓名和捐献钱物数量的石碑。古代戏楼大都是建在庙祠对面，因为演戏的目的首先是为庙会上的敬神祈福活动助兴。辛亥革命以后，很多村子拆了大庙盖学堂，也有的拆了戏楼盖学堂。"文革"期间，许多历史悠久的古戏楼和承载着千年人文精神的古老公共建筑被拆毁。

二、官房

官房（坊）是建于村落中央位置的村内公事处所，是村子的政治、经济和文化中心。历史上官房的政治功能主要体现在发布信息、召开集会、商议村事等方面。其经济功能与其作为村内冲要位置的第一标志密切相关，如集市交易的进行，贩夫走卒的物换，麻糖铺、肉铺选址等，都首选在官房左右。而把戏楼建在官房附近，则更是官房政治和文化功能的重要体现之一。官房作为一个历史名词，已经很少有人知悉。但官房的功能被各地的村委会、马社（大院平房或小型楼房）基本承续下来。

三、庙祠

庙祠并非都是封建迷信的产物，有的是作为精神信仰的载体。各类庙祠在石家庄各地极为普遍。如供奉观音者，大部分并不是佛教徒，而主要是为了祈求观音辟邪保平安。至于家祠、家庙更是一个家族、一个民族血缘维系的重要载体，是传承家风、进行家教、知事理的重要场所。石家庄村庄的庙祠五花八门，观音庙、龙王庙、老母庙、娘娘庙、奶奶庙、三官庙、老爷庙、老虎庙等，无所不有。

竹帘子也会自己打

从清代乾隆年间（1736—1795年）开始，关帝庙是朝廷敕令必须建的。石家庄地区唯有正定县新城铺村不建关帝庙，因为该村望族大户颜氏自称是颜良后裔，与关羽有杀祖宗之仇，所以经过朝廷诏准可以不拜关帝。但是其他家族要建关帝庙。因此，石家庄几乎所有村庄都一定有关帝庙，还一定有五道庙。五道庙是民间信仰中供奉“管户口”的五道神的小庙。村里有人去世，其家人首先到五道庙报庙，相当于销户口。

因为崇尚多子多福，所以每个村庄大都有送子观音庙。

村庄庙祠有大有小。有的“三块砖一个庙”。小庙建筑是整个村落文化的重要组成部分，所处位置一般都是冲要，或挨路口，或临大道，供人们在初一、十五等时间烧香叩拜。庙事又是反映农民愿望和心态的重要途径之一：久旱不雨，人们去龙王庙求雨，反映了人们对雨水强烈的需求；久病不愈，人们去求观音菩萨，反映了人们摆脱疾病、强身健体的良好企盼。即使是在今天，人们也经常通过庙会活动表达自己的心声，如在一个小庙会上，人们会在席棚上贴有“贪官小人猖狂一时，良民君子心安一世”的醒目对联，表达老百姓对个别贪污腐败行为和道德低下者的愤怒，以及对平淡人生的追求。

四、牌坊

牌坊，主要是历史上的贞节牌坊和功德牌坊、纪念物（被公众认可的、有重要意义的），均对特定区域人群具有教育感化作用。现在，这种具有教育功能的建筑也同样存在，如各地的各类英模人物纪念牌、纪念馆等。

在古代，石家庄城乡之间有很多显赫的牌坊，承载着乡贤的荣耀和家族的辉煌，也承载着精神的寄托，承载着教化的功能。在历史文化名城正定城里，原有二十四座金牌坊。其中包括明代著名政治家梁梦龙及其曾孙清代著名大学士梁清标家族的“大司马坊”，还有北洋政府时期内阁总理正定人王士珍嗣母和生母的“一品夫人坊”。很可惜这些牌坊在“文革”期间大都遭到严重破坏。

雨搭子

难能可贵的是，位于桥西区振头社区的关帝庙崇宁真君木牌坊，一直被较好地保留至今，成为石家庄市区唯一的一座大型古建牌坊。古代的村民每天都要从木牌坊下面走过，观看古人颂扬关帝忠勇义气的楹联、牌匾，蒙童在此识字教养，村夫在此接受传统人生观教育，书塾教师在此传道授业解惑，传播忠义文化，教孺子明辨是非，崇尚英雄。如今它已成为河北省重点文物保护单位。

老汽水

第六章　婚丧生育风俗

男婚女嫁，生老病死，自古至今，是人生大事，人们极为重视，从而形成了具有浓郁民族和地方特色的风俗。石家庄人也不例外，生子大贺，婚嫁大庆，死者厚葬，既隆重，又有一整套规程，集中地反映出了本地区的民风民俗。婚丧风俗既是经济生活的折射，又是思想观念的体现，反映出民风民俗中趋福避祸的心理。但在一套套繁文缛节中，掺杂着浓厚的封建迷信色彩，渗透着农耕文化的影响；在一场场铺张浪费的大操大办中，暴露出了追逐虚荣、比阔斗富的陋习。

第一节　婚嫁风俗

婚嫁可以说是人生中最重要的一步，婚嫁风俗蕴含着非常深厚的祈祥禳灾的传统文化观念。新中国成立前，石家庄的婚嫁风俗往往带有一定封建礼教色彩，最早有指腹为婚的传统，很多贫苦人家把自家女儿卖做童养媳。一般人家男女婚配是凭父母之命，听媒妁之言，要求男女双方门当户对，属相相当，生辰八字相合。通过媒人撮合，男女双方家长确认儿女的婚姻后，按照一套婚嫁风俗进行。

一、换帖

双方父母确认儿女可以谈婚，要先换小帖（也叫庚帖）。男方的帖上写“敬求金诺”，下署家长姓名。其格式如下所示：

敬求
金诺
首拜
添眷×××

小帖

一般帖用红裱纸制作，长5寸，宽2寸。帖上文字的意思是说：我家诚恳地向您家千金小姐求婚。由媒人拿着呈给女方父母。若女方家长认可，要回帖。若有异议则不回帖，亲事算完。

女方的回帖也很简单。其格式如下所示：

谨遵
台命
拜
姻春×××顿首

回帖

回帖的意思是恭敬地尊重你的求婚和对小女的抬爱，也有遵命的意思，下署女方家长的姓名，以后再通过媒人商谈彩礼、嫁妆、结婚等事宜。谈妥后由男方写求亲帖。其格式如下所示（折叠式）：

不揣寒微敢攀
高门敬请
月仙愿缔
婚　荣甚

右启
上
大德望××翁×老先生大
人
待教弟×××脱帽鞠躬

求亲帖

而女方要回允亲帖，其格式如下所示（折叠式）：

闺仪未娴有玷
名门幸蒙
谋议愿结
朱陈敬允
右启
上
大姻望×翁×亲家大人阁下
姻愚弟×××鞠躬

允亲帖

互换小帖是男女双方婚约的开始，这期间的信息传递全是由媒人作为媒介，之后的男方求亲帖及女方的允亲帖也全是由媒人作为中介。

二、订婚

约定婚约之后就要下大帖。大帖是由男方来写的，大帖是规定婚姻迎娶日期的帖子（也附有其他内容）。其格式如下所示：

谨择×吉×月×
日命小儿完婚
亲迎于贵府
×××拜

大帖

写完大帖，由媒人及男方本家亲朋好友参加送帖仪式。男方要备酒设宴款待送大帖的人，媒人一定要坐上席，男方家长要为媒人斟酒，是谓“谢冰公大人”。男方还要向女方送上彩礼。

送大帖是婚前一项最重要的“签约仪式”，相当于后来的结婚登记。

对于迎娶日期的选择，男女双方都十分慎重，大多数求助风水先生帮助选定。风水先生先排除每月忌日（初一、十四、二十三），然后根据双方的生辰八字，选定迎娶日期，上、下轿时间及其他事项，这个过程叫“看日子”。“看日子”特别注意避开“杨公祭”（黑道日）。据说，杨公是明朝一个官，生前聚敛了不少财产，死后陪葬品丰厚，怕被人盗墓，死前安排每月下葬一次。其中七月下葬两天，全年计十三次，从正月十三日始，以后每月提前两天，以此类推，分别为：正月十三日、二月十一、三月初九、四月初七、五月初五、六月初三、七月初一、七月二十九、八月二十七、九月二十五、十月二十三、十一月二十一、腊月十九。这些日子凡是看风水的先生早已烂熟于胸，绝对不选这几天迎娶。

讨论婚姻大事，一般坚持的总原则是“门当户对，属相相当，生辰八字相合”。所谓门当户对，是指男女双方家庭的门第、社会地位、财产大体相当才能攀亲。人们认为“门不对、户不当，婚姻难以久长”。而关于“属相相当”流传着一些说法，比如，“白马怕青牛，金鸡见犬泪相流，鼠羊夫妻不长久，龙兔姻缘一旦休，猛虎见蛇如刀锉，金猴逢猪不到头”“白马怕青牛，鸡狗不到头，龙盘兔没有路”等。更有的人信奉“妻大一，使不得”“妻大三，抱金砖”等说法，这些说法没有科学依据，虽有些荒诞但仍有相当一部分人信奉。

大帖上还要书写彩礼，嫁妆，男女生辰八字，迎娶时间，聘娶请客和送客需要什么属相的人，新郎、新娘的婚礼上忌讳什么属相的人等。

三、婚礼

结婚前一天，男方要给女方送“食萝”。结婚时，男女双方家庭都要张灯结彩，贴喜联。男方迎亲要4人抬花轿，聘请8名吹鼓手。男方有8名弟、侄手提8盏灯笼以及男女娶客若干名，一路上逢村、街、路口放鞭炮。新郎着长衫，戴礼帽，披红插花到岳父家礼拜。女方给新郎披红插花，称作“十字披红双插花”。礼成后，新娘坐轿到男家。新娘上轿由同辈人用圈椅抬入，跟随帮轿的是男女送客若干名，用车拉上嫁妆。下轿时，男方要派一名老人和儿女齐全的嫂子去开轿帘，送红枣、花生、五色线给新娘，取“巧媳妇”“早生子”等寓意。新娘下轿后进门先过马鞍子，再过火盆，寓意日子平安，过得红火。轿下铺红毡子若干片。前后倒替，由两名嫂子搀扶新娘。新郎手挽竹制弓箭，面对蒙有红色盖头的新娘做射箭状。两个伴娘共执红绸将新娘拉至堂前，然后新郎用手揭开盖头拜堂成亲。

拜堂程序是：一拜天地，二拜高堂，三拜叔伯姑舅亲戚朋友。拜堂后将新娘送至新房。然后，男方大宴宾朋。一般情况下，新郎当天偕同新娘返回女家，认识女方亲友，称作“当天回门”，晚上，再一同回男家入洞房。也有婚后三天回门的。

四、道喜

婚嫁之日，男方要通知亲朋好友参加婚礼。石家庄人历代都有庆贺道喜之俗。亲戚朋友要送喜钱、礼物，还时兴“凑份子”贺喜的风俗。凑份子者一般每户出一份钱（旧时数量很少），由管事者负责请吹鼓手，买鞭炮，放四眼炮，并要买一幅中堂画，在画天头右侧写“恭贺某某君令郎新喜”，左侧写上所有凑份子乡民的姓名。改革开放之初，邻居或乡亲结婚，往往几人、十几人或几十人凑份子送喜幛或其他家庭生活用品。婚后主家备酒席答谢乡亲。

在城市，单位有人结婚时，同事要凑份子、买东西或直接送喜钱，主家要备酒席答谢。

新中国成立后，我国颁布了《中华人民共和国婚姻法》，男女平等、婚姻自由写进法律。青年男女大多在劳动中互相帮助、互相了解、互相爱慕而逐渐建立感情成为恋人，最后结合为夫妻。有的在不同的岗位上或不同地域的青年男女经人介绍，在介绍人家里相见，称为“相亲”。事后，双方自由接触，双方若认可就到乡政府领取结婚证书，然后择时结婚。新的结婚仪式仍是由新郎于清晨领男女“娶客”若干名去迎娶新娘。但不再坐花轿，而是改乘马车或骑自行车。20世纪80年代，乘坐汽车迎娶新娘的逐渐增多，沿路放鞭炮等仪式仍延习旧俗。自90年代起，接亲用的汽车（或者车队）越来越高级。后来人们的环保意识逐渐增强，城市禁放鞭炮。男方到女方门口后不进家门，女方父母回避，新娘子由若干男女送客陪同前往男家。婚礼是由专业司仪来主持的，内容主要有：主婚人讲话、新郎新娘讲话、夫妻交拜、认亲等。婚礼完毕后，男方宴请宾朋，直到结束。

有女孩无男孩的人家可招赘门女婿到女方家生活，赡养老人。赘门女婿也有财产继承权，所生子女之姓氏由家庭自议，随男随女皆可，外人不得干涉。

第二节　生育风俗

古语说："不孝有三，无后为大。"在中国人的传统观念中，把能否"生儿育女、传宗接代"上升为对父母祖先是否孝敬的最高标准，信奉"多子多福，人丁兴旺"。但在粮食、药品等物资十分匮乏的情况下，孩子从孕育、生育、保育一直到长大成人，成长过程需要父母付出多倍的辛劳和呵护，随之产生了一些荒诞离奇、牵强附会的民间习俗。

一、孕期

旧时石家庄人认为人的一切都始于生命孕育，男女结为夫妻，孕育子女是繁衍后代的自然规律，孕育要有好的开始。所以，从孕育子女开始就有很多禁忌和讲究，不可冒犯，以免遭遇不测。

时间方面，禁止在天地震动、暴风骤雨、雷鸣电闪、大寒大暑、日月亏蚀、神佛生辰、亲丧服孝等时期孕育子女。环境方面，禁止在神庙寺观、圣贤像前、井灶前后、圈厕墓冢等地方孕育子女。上述这些禁忌，表面看有一定封建迷信色彩，其实有其合理的理由，如：天地震动、暴风骤雨、雷鸣电闪时易造成孕妇心身不宁；亲丧服孝时，孕妇悲伤过度，影响胎儿发育。

二、祈子

婚后久不孕育的夫妻，旧时被人们视为嘲笑的对象。夫妻与其双方父母期望求助冥冥之中的神灵保佑。旧时多地建有"送子老母庙"。当"送子老母"过庙会时，想求得子女者便到"送子老母庙"烧香焚纸，上供磕头，祈求"送子老母"赏给一子半女。如愿后，不管生男生女，都要向"送子老母"还愿，以感恩"送子老母"的赏赐。还有一种求子方式，就是夫妻二人到寺庙神灵前烧香焚纸，磕头许愿，俗称"套娃娃"。

三、孕妇禁忌

孕妇要讲究言行端庄，目不视恶色、耳不听淫音、鼻不闻秽气、手不取污物、脚不踏脏地、心不想邪事。坐要端、行要正，不准赶庙会，不许参加婚礼进入洞房，不许参加丧事活动，不到打井、盖房现场等。

饮食方面。孕妇禁食牛羊肉等，认为食牛羊肉就会多灾多病，食马驴肉就会延月难产，食兔肉生子会缺唇，食龟鳖肉生子会背驼颈短。

四、起乳名

给刚出生的孩子起一个寓意吉祥、好叫好听的名字，是父母对孩子的祝福和期盼。除正式名字外，石家庄人还保留给孩子起乳名的习俗。

旧社会时，医疗条件差，孩子难养，故而就有人带上礼物，请家族中或村里的长者给孩子起乳名，使孩子能因得到长者的庇护而健康成长。

有人为了求得神仙保佑，在给孩子起乳名之前会到神庙中问卜，将问卜的字和求神佛的名号连在一起，组成孩子的名字。比如，所求的神是玉帝爷，问卜的字是生，则这个孩子的名字便叫“玉生”。有人把孩子抱到神佛面前磕头跪拜，然后联系神佛的名号给孩子起名，如“天赐”“佛保”等。有人用吉祥物件为孩子起名，如“福娃”“百岁”“珠儿”等。也有的人认为给孩子起太好或太大的名字会“折福减寿”，所以故意起一些卑贱的名字，如“铁蛋”“石头”“狗子”“二蛋”等。有人给孩子算命排八字，看孩子五行中缺什么就在名字中带什么，比如“润水”“土根”“金生”等。

五、“长命锁”

为了使孩子平安顺利地长大成人，人们常常想出若干消灾祈福的办法，给孩子戴“长命锁”便是其中最为普遍的一种办法。

“长命锁”是挂在颈间的一种锁形饰物，一般用白银制作，不过也要视家庭经济条件而定，或“金”或“铜”。“长命锁”上镌铸吉祥祝词和祥瑞图案。一般祝词为“长命百岁”“福禄寿喜”等字样，图案多为麒麟龙凤等。

戴上“长命锁”寓意把孩子的命锁住了，神仙鬼怪拿不去，可以长命百岁。“长命锁”有的是自己家人找工匠制作的；亦有干爹干娘赠送的；还有是亲朋好友、街坊邻居共同集资购送的，此为“百家锁”，深含百家福佑之意，更显得弥足珍贵。在戴“长命锁”的同时，还要戴配套的陪衬物——玉镯。玉镯是戴在孩子的左右手腕上的饰物。右手玉镯上挂金斗，左手玉镯上挂银生。小孩子手一抖动，金斗银生叮当作响，既悦耳又寓意吉祥，孩子听到高兴，大人听到喜欢。

六、道喜认干亲

“道喜”是儿女出生后的一种庆贺仪式。道喜大多选在孩子满月那天。事先，热心的男人们帮助户主邀请宾客，安排酒席。妇女们则走家串户，收集100家以上的碎布，裁做“百家衣”。碎布不拘颜色、大小，只要花色新鲜和献布者心诚即可。孩子穿上“百家衣”，据说是沾上了百家的福气，保证“成人”。届时，户主准备丰盛的酒菜宴请宾朋，席间大家推杯换盏共同庆贺。在酒席进行期间，户主要把孩子抱出来，给宾客致谢，宾客会将各种各样的贺礼和祝福赠送。

“道喜”这个过程中有一项很重要的活动——认干亲。户主按照子女多少、关系亲疏、辈分大小等原则，以确保自己的孩子“成人”为前提，事先选定一个或几个“干亲家”为对象，提交“管事的”去撮合。而撮合的方法很别致，户主事先准备若干“长命锁”，在酒席开始前每桌放上一个，待“认干亲”的程序开始时，“管事的”先宣布户主草拟的条件，而后让宴席上的宾客们按条件去“套”，“套”住谁，谁认领这个“干爹”（或“干娘”）。这个“干爹”或“干娘”要当下将“长命锁”给婴儿挂到脖子上。接着拿出礼金向干儿子（女儿）“祝福”，并按照自己亲生子女的程序，为干儿子（女儿）起名，从而确立父（母）子（女）关系。之后，遇有逢年过节婚丧嫁娶等事宜时，便按照各自的礼数行事。认“干亲”这项活动的目的多是选择子女多的户认作“干老子”，是为了让孩子“成人”，在以后有个帮衬。

还有认“干亲”的形式就是回姥姥家族认“干爹”“干娘”。多选择姥姥家本族内的舅舅、妗子为“干爹”“干娘”。因为原来就是亲戚，今又认舅舅、妗子为“干爹”“干娘”，亲上加亲，自然会给孩子更多的护佑，这样孩子会更健康成长。

七、小满月

石家庄市的风俗，孩子出生后，近亲要看望孩子和产妇。但月子里看孩子必须选吉日，从孩子出生之日算起，第三、第五、第七、第九天是吉庆日子。特别是第七天近亲女眷常常相约登门探望。而最忌讳的是第四、第六天，据说这两天探视，孩子易得“四六疯”，是人们最不愿见到的。

小孩出生的第十二天要过“小满月。”这是孩子人生当中第一个较为隆重的庆典活动，不管是大户人家还是小户人家基本上都要庆祝一番，若是生男孩，庆典会更隆重一点。亲朋好友都赶来参加新生儿的庆祝仪式。新生儿的家长要设宴款待来客，这个活动就叫过“小满月”。

过小满月前，新生儿父母要向亲朋好友发请帖，写明庆典的时间、地点和邀请对象。被邀请人自接到请帖之日到赴宴前这几天在家中忙着为小孩制“锁儿”。“锁儿”实际上就是用红头绳（或红线）串上古时铜制钱（古钱币）制成币链。后来人们就在红头绳的一端拴上一枚制钱，在制钱旁拴上纸币，但纸币要新的，面额大小随意，要看关系的远近和送锁人的经济状况而论。过去有五六角的，也有十元八元的，现在生活富裕，数额逐渐增加，最大份的大概是姥姥送的“锁儿”，可高达5000—10000元，其次是姑姑、姨娘、妗子的，其数目也不菲。她们事先把“锁儿”编好，把“锁儿”在孩子脖子上挂一挂，或象征性地比画一下，表示把孩子已经锁住了，意思是从此孩子就远离病祸灾难，顺利长大成人。

户主家收到亲朋好友送来的“锁儿”，一般要放置到一个事先缝制好的袋子里进行收留和保存，这个袋子要保存很长时间，到孩子长到12岁时才打开或终身不开，以保孩子终身平安。

除送“锁儿”之外，女眷们还要给襁褓中的小天使带上几套衣服或几尺花布，给静养中的产妇送五到十斤鸡蛋、挂面、红糖等礼品，表示祝福，增进亲情关系。还有一个规则，就是亲朋好友送来的礼品，户主要全部照收，不许回礼。就是说在月子里，户主礼品只进不出。进产房探视产妇和小宝贝时，多说吉利话，不能说“碍口”的话。如“风”之类的字，因“风”与“疯”谐音，说“风”是不吉利的。

上述的礼节完成后，户主便大摆宴席款待宾客。近年来，宴请多在饭店进行。但规模日渐缩小，同时，过去一些繁文缛节的东西已大大减少。酒宴结束，即小满月庆典活动结束。

第三节　丧葬风俗

丧葬风俗相对复杂，因为逝者情况各异，如：耄耋之年病逝的为“喜葬”，白发人送黑发人的为“小口葬”，富裕家庭的葬礼为“奢华葬”，贫困潦倒家庭的葬礼为“极简约葬”。尽管葬与葬的规格不同，但程序大致相同。一般在老人弥留之际，儿女们和其他亲属都守在身边，临咽气时，守在身边的儿女们都按称谓呼唤老人，用意是留住老人的灵魂不让离去。若儿女们没在老人身边，也就是说“没有见到最后一面”，将被视为人生中的“一大憾事”。丧葬礼仪分为停尸、报丧、入殓埋葬（或火化）、复三、过七等环节。

一、停尸

当亲人的疾病已难以救治，出现昏厥或其他将亡之症状时，晚辈和近亲都会在跟前侍奉，守候亲人最后一段时间，以尽亲情。有的临终之人尚有心事难以咽气，侍奉的人便会轻声细语附在病人耳边给以安慰，以抚慰其心灵的最后缺憾。老人一旦咽气，子孙后代便马上跪到炕前磕头，同时烧“黄纸”，这叫作“到头纸”，意思是人已走到尽头。紧接着，亲近的族人马上给亡者穿寿衣，也叫“送老衣”（亦叫“装裹衣”）。而寿衣多半是在生前就已备好的，为何人还活着就备好寿衣，据考有几种因素：

一是有些老人愿意在生前看到自己的寿衣，无论是选材（多以棉、麻、绸为原料）、做工，还是颜色等都要达到满意，这样心里踏实，认为百年之后可以舒舒服服穿上“可心”的服装到另一个“世界”去。

二是据说在老人临近病危之际，把已做好的寿衣取出放到病人面前展示一下，可以把病“冲跑”以求获得健康，而挽留其生命。

三是提前做好准备，可以有备无患，以免临时慌乱，出现不必要的麻烦。

早年间，男寿衣为黑色或青色长袍马褂，亡者头戴帽壳，脚踏鞋袜。女寿衣多红裙大褂，亡者脚穿鞋袜。男女寿衣皆为“单数”，且不论春、夏、秋、冬均为冬装。

为亡者穿衣不是一件简单的事。一方面要在亡者身体尚未凉下来，身体的各个关节尚能活动、不僵硬时穿为最佳；另一方面穿衣者一般是亲儿女或近亲中有为亡者穿衣经验的人来做，穿衣时边穿边说“××穿袄”“××穿鞋”等寄语。

穿好寿衣后要布置灵堂。灵堂一般都设在正房（多为坐北向南的房子），四周墙壁打扫干净，若有神位、年画等要用白纸罩住。在屋子中央放一张床或用凳子支一扇门板四面都不挨墙，床上铺上谷草，将亡者连同褥子放到床上。头一般都冲门口（有种说法是“死者停尸时，绝对不要头朝东”，因为“头朝东，不放松”。意思是说若尸体头朝东了，则家里还要死人，这是人们最忌讳的了）放置好后，在亡者的脸上盖上白纸，叫作“蒙头纸”，意思是不能见到天。用麻绳绑上亡者双脚，叫作“绊脚绳”。做完这些再在亡者尸体上从头到脚盖上一块蓝布，这叫“蒙头”或叫“蒙单”（将来丧事办完了，儿女们要把这块蒙单平分，用此布给孩子们做小内衣，穿上据说易成人）。在床前放一张小地桌叫“供桌”，在供桌上摆四盘供品（或果品或点心）、一个香炉，点燃一炷香（四根）和一盏“长明灯”（油灯），整个停尸期间不准熄灭。

在布置灵堂的同时，近亲家属开始给亡者做打狗棒和喂狗饼。用杂面拌草灰和成面团，将面团捏成圆球状与正月十五吃的汤圆大小一般，用筷子或其他细棍串上，这便成了打狗棒，打狗棒做七根即可。或用白面和成较硬的面团捏成面球，在火上烤成黑焦状，串在筷子或细棍头上。将制成的打狗棒插到装有土的碗里，放到供桌上。其作用是亡者在赴黄泉路上打狗用。“喂狗饼”的原料与“打狗棒”用的材料相同，只是做的形状不同。“喂狗饼”是做成红枣大小的厚片，数目一般与亡者的岁数相同，所以亦称“岁数饼子”。现在还有这种习俗，但已不是按年岁做了，而是象征性地捏四盘，每盘四个，共计十六个即可，然后将这些饼直接放到亡者的袖筒内。据说，人死了要进阎王殿。阎王殿的大门两旁拴着两条穷凶极恶的看门狗，当陌生人进来时狗要咬人，这时喂狗饼就能发挥作用。亡者可以用手中的喂狗饼喂它们。若“喂狗饼”不起作用，还可以用“打狗棒”打它们。

在亡者过世的当天晚上，晚辈们要到五道庙烧黄纸。按惯例，人“老了”一般要停尸三天。天黑以后，人们吃过丧事饭，本家的男长辈喊一声“烧黄纸了”然后用竹篮子装上供香和黄纸。长子和长女（或儿媳）一人手端灵盘，一人手提灯盏在前边走，其他孝子们按照年龄大小跟在后面。女眷亲属跟在最后边，都低着头，不许说话和开玩笑，到五道庙为亡者报到。走到五道庙门前，男长辈首先进庙摆上供，燃上香，跪着说明亡者归天了，望五道爷照顾，路途中行个方便。在庙门外的孝子们按照年龄从大到小一字排开跪在庙前，女眷们排在后边。男长辈把一大篮子的黄纸倒出来，在五道爷的坐像前点燃。等纸快燃尽时，庙内的男长辈大声喊“黄纸烧完了，孝子们给五道爷磕头”。庙外的孝子们齐向五道爷像磕三个头。这个“烧黄纸”的程序结束，算给亡者报到了。之后，儿女们开始放声大哭。边哭边向家里走去，到家后在亡者的灵前再磕四个头，然后坐在该坐的位置上为其守灵。男女孝子均如此。在停尸三天中，有两个晚上要到五道庙“烧黄纸”。

停尸期间还有几件事要做。

一是女儿回婆家磕头。逝者在弥留之际，女儿们大多回娘家在床前守候。待逝者一咽气，参与送终的女儿们要各自回婆家，到本族各户去磕头。报告爹（娘）已过世的消息。此举是为日后穿戴孝衣而赢得婆家族人的谅解。而婆家得到消息后，便马上着手组织人员、车辆到亡者家中吊祭。

二是报丧。有人去世，需要通知亲戚朋友，发布通知，叫作“报丧”。“大管事”与事主商量确定需要报丧的人的姓名、关系、住址等，由“大管事”安排人员去报丧。接丧户对报丧人十分尊重，一得到丧葬信息，便用好菜好饭招待。

三是制作“引魂幡”“哭丧棒”和“破孝”。“引魂幡”和“哭丧棒”要由专门的“技术人员”来制作。所谓“引魂幡”是由一根长一丈有余的秸秆作柄，用白纸把秸秆缠裹，顶端缀有用木棍子和白纸扎糊的华盖或饰物。它是亡者的长子哭丧和送殡的标志。长子举着它送殡，叫“打幡儿”。“哭丧棒”是用细长秸秆和白纸制成，是供男孝子们送殡时哭丧用的。

为孝男孝女扯制“孝衣”叫“破孝”，而“孝衣”全部用白布扯制。“孝衣”的制作大体分为以下几种：

女儿：重孝。要从头到脚一身白，头上戴一块3尺见方的白布巾，叫作“披头儿”。上衣是用白布裁的大襟罩褂。下身穿白裤。白鞋要糊，若父母双亡则全糊；若还有一方健在，则糊部分，在脚跟处留一部分不糊。所谓糊鞋也只是象征性地草草缝两针而已。鞋上糊上的白布不能撕，只能等待其自动掉下。据说，谁的先掉下谁有福。白鞋，一直要穿三年。

儿媳：一个“披头儿”，一条白裤子，糊白鞋方式与女儿同。

侄女：孝衣与儿媳同，鞋只糊半截。

长子：因为长子为正孝子，要戴一顶孝帽，脑后下垂一白布条，糊白鞋方式与女儿同。

其他儿子基本与长子同。其余男孝子一律是戴一顶孝帽，鞋尖糊白。

通常辈分越低，戴孝越轻，只戴一条白布条即可。

自国家提出殡葬改革之后，亡者过世后辈穿白孝的风俗逐渐被淡化，近年来已基本绝迹，只戴黑袖章。

四是请“吹鼓手”。过白事奏乐一般是吹唢呐，现在一些城中村和郊区还有此风俗。整个丧期，这个“吹鼓手”班子要一直在场，遇有亲朋吊祭就要吹奏。出殡时要不停地吹奏，一直吹到墓地。除要请“吹鼓手”之外，有的还请戏班子唱戏，主要有河北梆子、丝弦老调、山西梆子、评剧、豫剧等剧种，演出的剧目多与过白事有关，如《李天宝吊孝》《诸葛亮吊孝》等传统剧目。若亡者没有闺女，则会点一出《借闺女吊孝》去唱，以弥补他们一生的缺憾。

二、吊孝

吊孝安排在丧期最后一天的上午，男女分开进行。女人吊孝俗称“吊哭”。一般是三五人或十几人为一拨，列队进入灵堂哭吊。哭吊的人均系街坊邻居，她们之间不分年龄、辈分。进入灵堂时，守灵的人便一起恸哭，儿媳和女儿要向来吊哭的人逐一跪拜还礼。男人的吊孝俗称“烧纸”，手中提一包点心，点心上放一摞裁好的黄纸，或带上一个挽幛（或礼金），一人或几人到亡者灵前烧一把纸，之后向亡者磕个头或鞠躬。礼毕后，管事的喊“孝子还礼”。跪着守灵的孝男们向吊祭的人磕头算还了礼，吊祭结束。

女婿来吊孝，是不穿孝服的。正常的吊祭程序完成后，由“大管事”安排其到一旁休息。

女儿婆家来吊孝就要复杂一些。一般是到了之后，男客们直接下车到灵堂前祭拜，而女客则不下车，必须要由回家报丧的媳妇前来磕头迎接，方可下车到灵堂进行祭拜。

三、入殓

旧时入殓用棺材。棺材摆放在灵堂前，亡者的亲人们要先往棺材内铺上些白纸，叫“垫背纸”。将几枚铜质钱（现在是硬币）放纸上叫“垫背钱”。其寓意是“灵魂进入阴间时吃的用的不用愁”。整理好棺材，接着要修整尸体。亲属把“蒙单”揭下来，按儿女的人数撕成小份，分给守灵的儿女们，据说这能给儿女们带来福气。接着把一元或两元现钞用手绢包好，放到亡者的一只手中，并嘱咐他（她）在路上花。在其另一只手中放上打狗棒。整理好后，女儿和儿媳要给亡者用毛巾擦脸，叫“净面”。“净面”时要边擦边说话，“净面”完成就算基本完成入殓前的程序。接下来是入殓。帮忙者架起亡者的褥子四角往外抬，亲人们要向亡者呼唤“过门”，亲人用柳条、簸箕罩住逝者的脸，不让其接触到阳光，将亡者放入棺内。放好后，“大管事”高喊“孝子××看一看，这样行吗”，当孝子说“好了”，“大管事”就喊“钉棺”，帮忙的人闻声拿起铁锤盖棺钉钉。盖棺后亲人们全部要号啕大哭，伴随着帮忙人的钉棺声，亲人们要哭喊着“××躲钉”。事毕，“大管事”又高喊“起灵”，帮忙的人将棺材高高抬起向街门口移动，最后安放到“架子”（专供抬棺材用的木架）上或大车上。

若亡者为无病死亡，起灵后家里人（一般是近亲）立即打扫灵堂。若是病逝者，则亲人中一人拿一小撅头从屋里到院里再到街上作刨地状，而另一亲人跟在后面手持笤帚作扫地状。旁边还有人问：“刨什么？”答：“刨根。”问：“刨完了吗？”答：“刨完了。”这个过程叫“刨根”，意思是把病根刨掉了，以后本家就再也不会出现得这种病的人了。

四、出殡

出殡又名“起丧”，把棺材安放到灵车上以后，“大管事”会高喊“起丧”，这时点燃“二踢脚”，密集的鞭炮声响起，这是起丧的信号。孝子（长子）一手举幡，一手摔碗（瓦罐），走在前面，近亲孝子拿着花圈、哭丧棒走在后边，普通的孝子跟着正孝子和近亲孝子围着灵车正转三圈，接着走到灵车前，倒转身面向灵车埋头跪哭。正孝子往往悲痛欲绝，所以“大管事”要派两个人从左右两侧对其进行搀扶，叫作“搀孝子”。之后，男孝子们在前、灵车居中，女孝子们分乘若干辆车去送丧，全程披麻戴孝哭送。在男孝子们前面，有引路的手提竹篮撒纸钱的人，从家门口一直撒到墓地。队伍中哭声、唢呐声、鞭炮声交织在一起，不绝于耳。在行进过程中,“大管事”不时高喊一声“孝子谢乡亲”。孝子们听到喊声,即刻掉头面向灵车跪地恸哭。“大管事”再呼“谢毕”,孝子们起立,队伍继续前行。

出殡队伍到了墓地,众乡邻在“大管事”的指挥下,将灵柩送入墓穴。孝男、孝女围墓穴正转三圈,倒转三圈,表示不忍让亲人离去。“大管事”让长孝子确认坟墓,问是否正确。得到肯定回答,“大管事”在发布填埋信号之前,会再说一声:“还有清没有?”孝子们就心领神会,意思是将手中的哭丧棒扔到已下葬的棺材上开始填土。帮忙的人开始填土,叫“填坑”。填满后,再堆起一个坟头,让孝子把幡插到坟头上,这时女孝子们再次焚纸恸哭。

五、服三

亡者安葬后的第三天上午,家人、亲戚、朋友等再次上坟,给亡者圆坟、烧纸,这个活动叫“服三”。这天早饭后,帮忙的人放炮集合人,然后孝子们都穿上孝衣,拿上铁锹、供品和黄纸去墓地。到达墓地后,孝男挥锹整坟头,孝女烧纸恸哭,在圆坟时,孝男要逐一把插在坟头上的幡拔一拔,这叫作“拔福”。谚语说:“拔三拢,发三发(发即发家之意)。”但拔时不能把幡拔下来,否则“福”就没有了。这幡将来要自然倒下。

六、过七

石家庄一直就有烧“七期纸”的习俗。即从亡者辞世之日算起,每隔七天算一个周期,分别称头七、二七、三七、四七、五七、六七、尽七,共七期(四十九天),每期都要上坟烧纸,以祭亡灵。烧完“尽七”纸,整个丧事活动才算结束。

而烧“七期纸”也有说道:男孝子烧双,不烧单,女孝子反之。但男女孝子都要烧“尽七纸”。

烧完“尽七”纸后,以后再烧纸便按正常习俗进行。每年有四次烧纸的时段。这四次分别是:大年初一(女儿初三)、清明节、农历十月一日和周年忌日。

以上是土葬习俗。现在,一般是把尸体火化后将骨灰放置在灵堂或陵墓,以便后人祭奠,但土葬习俗还保留着。

七、禁忌

亡者的直系后代，在亡者去逝百日之内不准结婚。亡者家庭三年之内不贴春联，若必贴者，可用蓝纸写白字。

若亡者尚有父母健在，这叫“死小的”，丧事不可大办，不能停尸三天。这种风俗至今一直传承。其中的人性和理性非常可贵，就是不能因为操办丧事再从感情上折磨在世的父母。亡者若非正常死亡，其丧葬规模亦不可太大。因为在大家的意识中，非正常死亡是不吉利或不光彩的事。若亡者因车祸、被杀或患月子病死亡，谓之“见血鬼”，三年之内不得入祖坟，三年后才可以迁入祖坟。

若未婚女子过世，则不能入自家的坟。只能求请好事者找本村或外村的已故未婚男子与其合葬，这叫“结阴亲”。当然，这些旧时的风俗，随着火葬的推行，大都逐渐淡化。“结阴亲”的风俗逐渐消失了。

第七章　庙会花会

石家庄一带的庙会历史悠久。早在汉代，封龙山就有祭山庙会。随着宗教的逐步发展，寺庙祠坛大兴。诸如关帝庙、药王庙、观音庙、奶奶庙、圣母庙、三官庙、真武庙、吕祖庙、城隍庙、五道庙、土地庙、山神庙等遍布各地，祭天敬神活动随之普及，庙会盛行。传统庙会活动，既有祭祀仪式，也有求神拜仙活动，拴婴许愿、问医求药、求雨祈福、驱魔修德，伴以唱大戏、武术、杂耍等民间艺术尽展风采。随着社会经济的发展，庙会和集市相融合，祭祀活动被淡化，庙会逐渐演变为以商品交易、文化娱乐和旅游为主题的活动。

也有的庙会是为悼念先贤英烈而设立的。如石家庄灵寿城关农历二月初一的成官庙会，是为纪念灵寿知县成肇麟而设的。光绪二十七年（1901年）德法联军追击西逃的慈禧和光绪，路经灵寿，胁迫成知县提供粮草、车马、妇女。成知县断然拒绝，被法军系于马后，绕城飞跑。成知县不甘受辱，又难逃魔掌，深夜投井自尽。灵寿百姓便将其殉难日定为庙会日。

第一节　庙会风俗

石家庄的庙会，分布广泛。全市城乡旧有庙会千处。仅井陉一县，每年有庙会118处。平山县有92个村镇有庙会。地处平原的栾城，民国时期村村有庙宇，有庙就有庙日，有的形成庙会，全县有庙会104处。当地群众称庙会为“过庙”。届时，庙会所在地，家家蒸馒头，户户买点心，沽酒备菜，待亲眷，接朋友。邻村群众则称其为“赶庙”，携家带口，或三五成群，纷

老冰棍儿

纷涌来，或还愿进香，或许愿祈福，或购货物，或观热闹，庙会成了盛大节日。

一、湾里庙庙会

湾里庙，名“苍岩山圣母庙”，俗称“七里湾庙”。原址位于中华大街与兴凯路交叉口西北角。始建于明朝万历十八年（1590年），当时大名府一家胡姓信众到苍岩山圣母庙祭拜，想请一尊圣母像运回大名府供奉，但走到七里湾（因距离振头村的石邑故城遗址七里而得名），无论如何也走不动了，于是就地化缘，修建了庙祠供奉。因为建于七里湾，俗称七里湾庙，也称湾里庙。这是几座坐东朝西，规模宏大的庙宇，依次是山门、前殿、中殿和后殿。中殿为主殿，南北两侧有配殿，殿侧是孙大圣殿。主殿面阔三间，进深两间。后殿为二层楼阁式殿宇。

1941年日伪统治时期，日军借开辟街道之机，盗取庙内文物财产，将该庙拆除，开辟新开路（今兴凯路），但拆毁湾里庙的日军军曹抱病而死，石家庄人民借此要求复建湾里庙。1942年又动工重修了湾里庙，占地约6670平方米，改为坐北朝南，院内有起脊式大殿两座，分为前殿和后殿，均为砖木结构。新中国成立后，湾里庙成为市总工会宿舍，后供市文化用品厂作为厂房使用。“文化大革命”期间，庙里大殿受到严重破坏，殿脊各种兽头鸱尾被打掉，泥塑神像被砸毁。明朝万历年间创建这座湾里庙的胡氏家族的后裔一直居住在湾里庙旁边的传统院落中。后来石家庄创建市政府西院，才将胡氏故宅拆除。20世纪90年代，由当地市民捐资，将湾里庙迁到东岳圣母祠大殿后重建。如今只有一座大殿、两座配殿，坐西朝东。

湾里庙庙会曾经是石家庄影响最大的庙会之一。一年有两次庙会，分别是农历四月初八和九月十五。四月初八的庙会称为“四月庙”，庙会期间天天唱大戏，丝弦、乱弹、梆子等轮番登场。商贩摆的摊点从庙前一直摆出一两里地之远，人山人海。洋货、杂货、布匹、绸缎、成衣、估衣、家具、农具、儿童玩具等，应有尽有。此时是将收夏麦的时候，庙会上农具生意异常兴隆，使得“四月庙会”成为当时一个重要的货物交流场所。

附近二三十个村的善男信女，手捧香纸、打着缨幡，敲锣打鼓进香。休门和栗村等村庄的人们还敲着特制大鼓（直径二米多）进香。

近年来，虽然湾里庙已经不复存在，但是以此命名的湾里庙市场，成为石家庄繁荣的大

胖了几斤

型市场。古老的文化传承仍然留在石家庄人的记忆中，因此每年湾里庙市场还是要举办庙会活动，吸引各地顾客前来逛庙会，逛市场。

二、送子观音庙会

农历二月十九是“送子观音”生日。“老母庙”的“送子观音”雕像栩栩如生。观音圣像前供馒头、糕点。附近村庄村民到这里来“套小子”，孩子长到十二岁时要到庙里来上供、烧香、送油钱，这叫“圆锁”。为庙会演戏的有大马戏团，方圆五十里村村出会班子。白天各村会班子到街上演出，二月十九晚上有花灯会。有大盆莲花灯、荷花灯、菊花灯、腊梅花灯，以及花灯船等各种花灯。留营村技术高超的纸糊匠，献出绝技，扎出的花灯装有活动机关，会唱，会做动作。

三、正定庙会

正定古城庙会，历史悠久，文化厚重。正定是中国民间艺术之乡，也是南越王赵佗、常胜将军赵云故里。拥有国家级文物保护单位9处、省级文物保护单位6处，享有“古建筑宝库”的美誉。1990年被列为省级历史文化名城，1994年被列为国家级历史文化名城，如今已经是石家庄市城区的一部分。正定古城号称有“九楼四塔八大寺，二十四座金牌坊”。“九楼”指的是城内的四座门楼、四个角楼，还有阳和楼；“四塔”是天宁寺的凌霄塔、广惠寺的华塔、开元寺的须弥塔、临济寺的澄灵塔；“八大寺”指的是隆兴寺、广惠寺、临济寺、开元寺、天宁寺、洪济寺、舍利寺、崇因寺，其中洪济寺、舍利寺已经被毁，崇因寺的毗卢殿迁建到隆兴寺内。“二十四座金牌坊”是过去正定城内矗立的大大小小二十四座金牌坊，其中比较著名的有许家牌坊、梁家牌坊、常山古郡、圣德通天、德配天地、木铎万事等。

依托正定隆兴寺兴起的庙会早在明清时期就名扬遐迩。改革开放以来，改为正定文化大庙会。春节期间，“开开心心逛庙会、欢欢喜喜过大年”，是中国老百姓最具特色的“春节印象”。每年春节前后一年一度的正定文化大庙会举办时，锣鼓敲起来，狮子舞起来，各种民俗小吃香味儿扑鼻，民间艺人争相亮绝活儿，营造出浓浓的过年氛围。

浓浓大碗茶

红彤彤的灯笼挂满集市，琳琅满目的年货吸引市民。在正定长乐门文化广场，正定文化大庙会的“前半场”年货大集开展得如火如荼。春联、窗花以及各种插花、摆件等居家饰品，红火又喜庆；正定八大碗、酒水饮料等，人气爆棚；还有一些现场制作的美食，如朝鲜打糕、豌豆黄、棉花糖等，围满了馋嘴的大小孩童。

民俗表演轮番登场。庙会集合了非遗、文化艺术、特色美食、趣味游乐、互动联欢等多元素文化展示，让人们在吃、喝、玩、赏、乐、购中深切感受传统文化的博大精深。文化大庙会现场还有20余项活动，包括大型情景剧《子龙娶亲》《子龙拜师》《刘姥姥进大观园》等，将传统与现代结合，展现正定文化的独特魅力。各种民间绝活和杂耍的巡场演出也精彩不断，营造出“赶庙会”的浓厚氛围；儿童游乐嘉年华和儿童剧演出现场是孩子们的欢乐海洋。游客还能在现场亲身体验研磨中草药、磨豆腐和织布等传统技艺。①

四、封龙山庙会

位于石家庄市鹿泉区的封龙山，是中国历史文化名山，封龙山庙会有悠久历史，可追溯到汉晋时期。庙会与祭祀活动紧密相关。在庙祠内摆设牺牲，祭祀诸神，逐渐形成了定期庙祀。晋唐以来，常山郡的治所北迁，山北麓的宗教文化随之兴盛，寺庙祠坛崛起，祭祀活动频繁，庙会随之盛行。

封龙山庙会，近现代由封龙山北麓南故邑村主办。每年农历三月十五、六月二十三和十月十五举办。春、夏季两次庙会，源于古代祭山求雨的传统祭祀、祈祷活动，秋季庙会与庆丰祈天有关。庙会影响地域广。北至保定、南至邢台、西至山西平定、东至冀县（今衡水市冀州区），方圆数百里香客云集山中。四方香客，或骑马骑驴，或乘车坐轿，或携老带小，或夫妻并行，或推车担担，或背挎褡裢，纷纷来赶庙会。有人访古寻踪，题词留诗；有人行商售货；有人登山赏景。更有男女青年双双偕游，嬉戏于山野。庙会上最吸引人的是戏曲。民间艺人、文艺团体占地演出。剧种有丝弦、梆子、京剧等。剧目随时代不同有所变化，比较固定的剧目多是一些传统历史剧。此外，踩高跷、舞狮子、耍龙灯、跑旱船、演马戏、耍杂技、打扇鼓等演出名目繁多。②

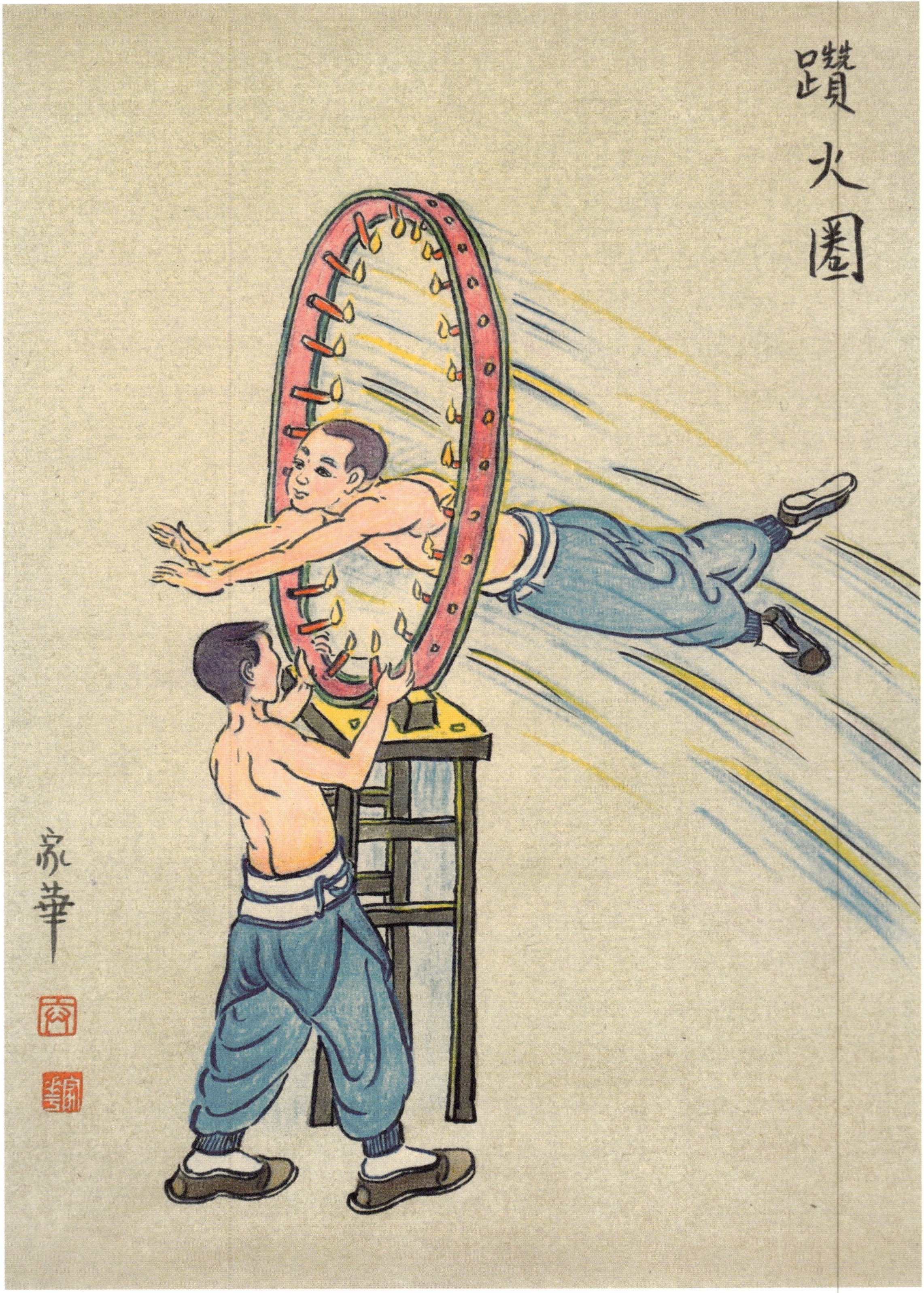

钻火圈

五、栾城西宫大蜡会

石家庄市栾城区的西宫大蜡会，农历十月十三至十五为庙会期，祭祀南海观音。相传明代河南流行眼疾，一老妪为患者治愈，分文不取。一员外夫人双目失明十几年，经老妪医治，竟至复明。员外重金酬谢，老妪婉言谢绝。员外问老妪哪里人氏，老妪答："赵州栾城县西宫村北街西口路南有一棵大槐树，树下红漆门扇的瓦房，就是我家。"说完飘然而去。员外受众人之托，用马车盛礼品，寻到西宫村槐树下，竟是南海观音庙，人们猜测内供观音就是施医老妪。于是，扩建庙宇，再塑金身，置办点燃大蜡烛，西宫村村民也制大蜡烛祭拜。自此，大蜡会相沿成习俗，农历十月十三开大蜡庙会。大蜡用石蜡灌制，红色，高100厘米，上顶直径30厘米，下座直径25厘米，以直径8厘米木棒浸蜡后做芯，蜡重65公斤。庙会上，先放焰火，之后点燃蜡烛，接着开演大戏。按习惯，烛不灭，戏不散。戏班往往向点蜡人多次求情，将蜡提前熄灭，才可散戏。[③]

六、振头、三简良打醮

打醮，是道士设坛做法事的宗教仪式。清末民初，这种仪式演变成庙会。比较有名的是振头和三简良打醮。振头打醮，农历二月初二铺坛，初五结束，在振头村东北举行，规模很大。供奉的神像，称为全神，布面彩绘，卷卷成轴，能装数十箱。1924年振头的打醮活动，轰动了获鹿县（今鹿泉区）。四天里，获鹿县定期定时开专列，运载赶庙逛会的人。连唱九台大戏，观众将戏台挤得水泄不通。每日清晨，十来个村的社火杂要沿街表演，最后到达会场神棚前面，鼓钹齐鸣，欢声动地。后来有艺人将这次打醮编成快板，在大戏上演唱，来反映它的红火热闹。

三简良打醮是东、西、南三个简良村联合打醮。农历二月十二日开始，共四天。三个村相距各三四里，中间三角形空旷地带是打醮会场。1926年的打醮活动前，三简良村村民扬言要盖过振头打醮，会场上全神席棚和村内的各个落驾棚，不次于振头。十出大戏在全神大棚前上演。参加庙会的各村社火，有留营村大花灯（如劈山救母、斩颜良诛文丑的花灯），有南新城大粮船（高长各有三丈，外面罩以彩绘的布质船舱，下边用人力小车推动）。可是当时毕竟是军阀混战的年头，三简良的打醮，在规模上是比振头多了一台大戏，但各村社火不如振头多，赶庙逛会的人，更不像振头那样拥挤。

火流星

第二节　花会风俗

花会是民间艺术中最具特色的娱乐活动，充满浓郁的喜庆色彩，是民风民俗的形象反映。石家庄花会历史悠久，伴随着庙会和节庆兴起。不少花会源于隋唐，成了约定俗成的艺术形式。按庄结社，花会组织者设大头、上小头、下小头三种职务。大头负责耕种会上专有公地，收入作会务费用；上小头负责通知参演人员等组织工作；下小头负责保管乐器、道具、服装。这三种职务由每村会众公推轮流担任。每年花会表演前，由大会首（大头）召集各村会首开会，各路花会多在年节或庙会（物资交流大会）期间演出。改革开放以来，市区和各县（市）都在元宵节前后组织会演。各路花会形式多样，著名的有拉花、渔家乐、官伞、背哥、斗鼓、抬花杠、太平车、战鼓、拉碌碡、跑旱船、二鬼摔跤、龙灯舞、狮子舞等，以及各种武术社火。各路花会集音乐、舞蹈、戏剧、杂技等于一体，亦庄亦谐，或悲或喜。其内容，既有对神鬼人祖的崇拜祭祀，又洋溢着群众自娱自乐的喜庆气氛，既是自给自足自然经济形成的祈福求安、多子多寿多福观念的折射，又蕴含着抑恶扬善的善恶观，还有的融入了反抗压迫和争取社会平等的元素。花会体现出浓郁的乡土气息、高超的艺术表现力和感染力，因而久演不衰。近年来，花会从街头、广场，走进了艺术殿堂，有的多次参加全国性的艺术表演和比赛。

每逢花会表演时，各店铺商家、沿街住户，往往在自家门口摆上桌子，放上茶水、糕点、香烟等，表演队伍一到，就在街心放上一条长凳，拦住去路。各表演队伍领头人见此，便摇摆旗子，示意在此处表演。表演队有人专门打场，把拥挤的层层观众往后推，留出一块足够展现身手的场地来。越是表演水平高的队伍，就越吸引观众，他们走到哪里，哪里就被围得里三层、外三层，水泄不通。因此，打场成功与否，标志着一个表演队的水平高低，也是能否表演好的关键。如抡起火流星打场，观众唯恐烧着自己，而用力后退；拉碌碡的丑角担着夜壶，里边装着水，冲着观众溅水，观众纷纷退后，场地便逐渐扩大。表演或吹奏完毕，领头人再次晃动小旗，表演队伍又继续前进。

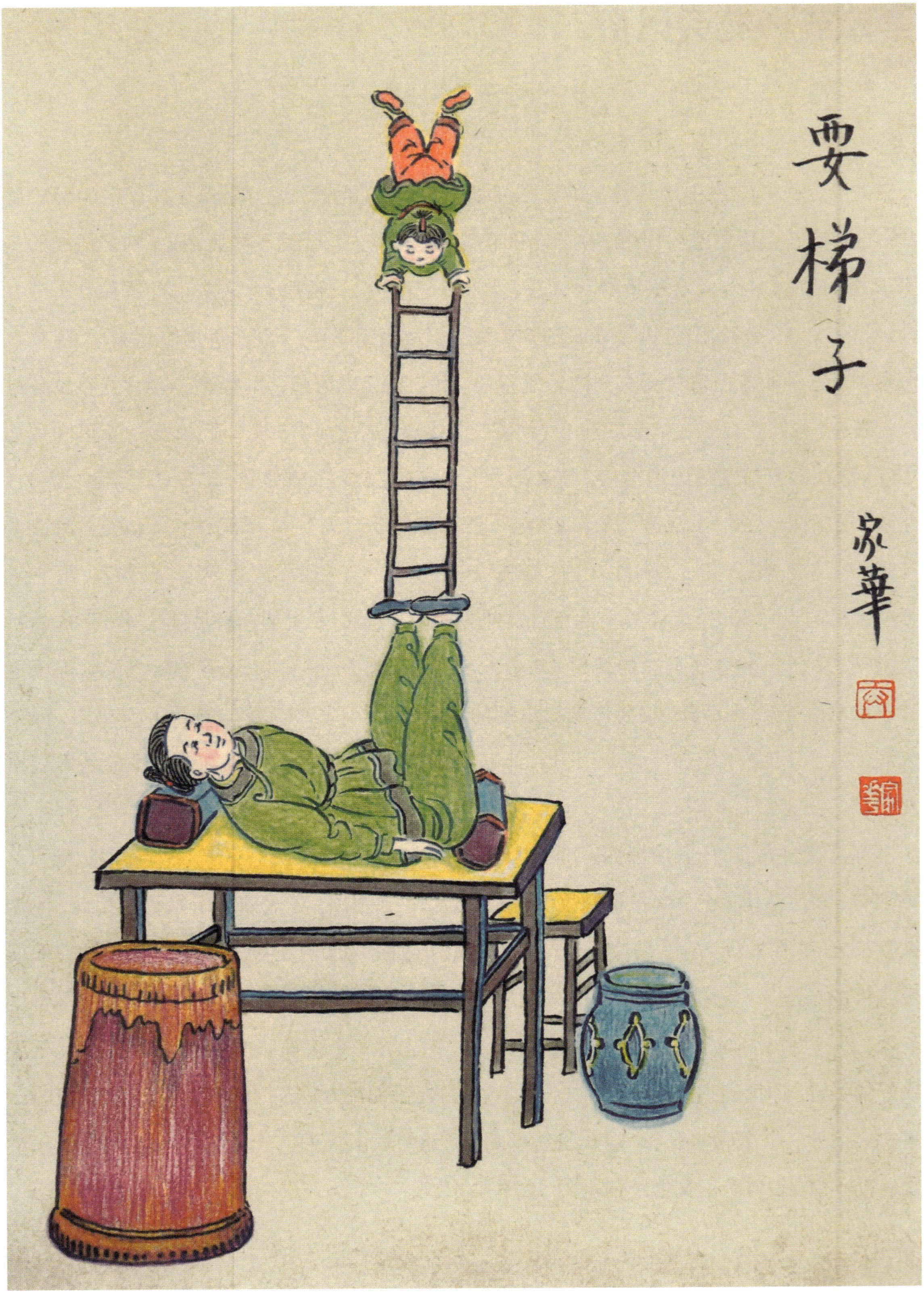

耍梯子

一、井陉拉花

井陉拉花是井陉特有的民间传统花会，有数百年历史，素有“山西梆子不离口，井陉拉花遍地扭”的美传。通常是在春节至元宵节期间及庙会上表演。演出规模可大可小，随时随地可进行。近年来，每年全县各文化中心举办文化活动或文艺会演时，总有拉花演出队出来演出，形成以拉花为主的文艺盛会。井陉拉花，分为南正拉花、庄旺拉花、南固底拉花、吴家垴拉花、南平望拉花等流派。从形式上分：有文拉花、武拉花，有丑拉花、俊拉花，还有戏拉花。文拉花文雅、端庄，柔中有刚；武拉花舒展大方、动作幅度大，稍像武术；丑拉花动作滑稽、幽默风趣；俊拉花扮相俊美，动作妩媚；戏拉花是古装戏剧打扮，脚蹬小木跷。从情绪上分：有悲拉花、喜拉花两大类。悲拉花表现悲伤凄凉的情绪，如《走西口》《下关东》《盼五更》；喜拉花表现喜悦欢乐的情绪，如《卖绒线》《闹元宵》《居家乐》等。

井陉拉花的起源，各流派有不同传说。南正拉花形成于金元时期，当时绵河西岸驻有重兵，强寇占据山寨，抢掠民女。“拉”即抢的意思，“花”指姑娘。为逃兵灾、避奸淫，男女相依为命，化装成演唱卖艺人，背井离乡逃难，称为“拉花”。另一种传说，说是有一班练武习艺青年，巧扮成娇童美女，在山寨脚下被强寇拉上山去，这班青年趁机大破山寨，为民除害。当地人民载歌载舞为他们庆功，形成拉花。还有一种传说，说是拉花起源于乡间货郎交易。货郎到乡村卖货，男女青年以买针线为名，相约尽情歌舞，形成拉花。

井陉拉花演员人数因流派不同而不等。传统装束，有持滚伞、擎弯弓的，有拿拨浪鼓、八角鼓的，有舞霸王鞭、彩扇、手绢的，有打四块瓦、背花瓶、端灯的，等等。道具中的“伞”，遮风挡雨，是吉祥的象征；背的包袱表示远行；四块瓦代表春、夏、秋、冬，象征四季平安、天下太平；霸王鞭是护身武器；盛鲜花的花瓶，象征锦绣前程。井陉拉花所用乐器以管乐和打击乐为主，有笙、笛、大管、小管、云锣、手鼓、小钹、小堂子等。所用歌曲、乐曲有《腊梅花》《小二番》《万年欢》《雁南飞》《相思谱》等30多首。音乐古朴典雅，清新悦耳，节奏鲜明，旋律稳健庄重。拉花舞蹈动作，适应井陉山区山高路陡难行走的特点，表现出在坑坑洼洼、曲曲弯弯的山路上，高抬腿、前走后退、前俯后仰、左晃右摆、时上时下、拐弯抹角、相互搀扶、迎难而进的情景。

井陉拉花有浓郁的乡土气息，是“扭”而不是“跳”，称为“扭拉花”。扭时上下协调，节奏准确，男角甩臂、吸腿、屈膝、稳落，呈坐马式；女角扬臂、双脚走滑而向外撇，整套动作

顶坛子

由晃身、摆臂、扭肩、滑脚组成，浑身扭动贯穿始终。1954年，井陉拉花表演队首次参加河北省第一届民间音乐舞蹈会演，获演出奖。1957年赴北京参加第二届全国民间音乐舞蹈会演，演员在中南海怀仁堂受到周恩来总理、朱德委员长及其他中央领导接见。1977年，由县文化馆编演的拉花节目《喜迎渠水过家乡》，参加省群艺会演，被评为优秀节目。1979年，拉花舞蹈《咱去西柏坡看亲人》，参加省群艺会演荣获一等奖。1979年，井陉拉花赴京参加由文化部举办的国庆30周年献礼全国文艺调演，荣获创作演出集体二等奖。1991年，井陉拉花参加“中国沈阳首届全国秧歌艺术大赛”，获最高奖优胜奖。1996年，又参加“全国第六届群星奖广场舞蹈决赛”，获金奖。

二、常山战鼓

常山战鼓是石家庄市正定县民间花会艺术，因为正定县是古代常山郡治所，故称“常山战鼓”。常山战鼓是由鼓、大钹、中钹、小钹、小锣等打击乐器组合的民间清锣鼓，主要用于广场表演。常山战鼓演奏的鼓，俗称架鼓。鼓队编制少则十几人，多则上百人，单鼓直径50厘米，厚30厘米，鼓手用彩绸将鼓系于腰间，手执一对涂有红漆鲤鱼状的鼓槌，叉腿挺胸，两臂圆抡，槌击鼓面，或击鼓边，或两槌互击，鼓点变化万千。

表演时，击鼓者或站成圆圈，或排成三角，或一字排开，面对面对敲；击钹打锣者或站中间，或列两边，或与击鼓者相对。“翻打”“出手”“搓音”“花击”“绕脖”“挽花”“蹦跳”等优美动作，时而如雷霆万钧，惊天动地；时而似万马奔腾，气势磅礴；时而又急转直下，像雨打芭蕉，欢快清脆。只见鼓手腾挪跳跃，鼓槌上下翻飞，彩绸飘舞，气势雄浑，舞姿优美，让人目不暇接，精神振奋。

常山战鼓曲牌繁多，大多由独立的锣鼓段子连缀而成，共9系72套之多。主要曲牌有《么二三》《小西鼓》《大西鼓》《迈大步》《猴爬杆》等12首。1973年，上海芭蕾舞剧团曾到正定专门研究鼓谱和敲法，并将全部鼓点录音，赞誉常山战鼓是“所见鼓类中最有特色、最激动人心、鼓点最丰实的鼓队”。常山战鼓被称为“中国四大名鼓”之一，1989年、1990年连续两届荣获石家庄市民间花会调演“特别奖”。1990年应第十一届亚运会组委会邀请，参加亚运会艺术节开幕式表演。1991年荣获河北省民间花会调演最高奖“优秀奖”。1992年应邀参

耍猴

加中国兰州首届丝绸之路艺术节开幕式表演；同年又参加了由文化部举办的天津“南开杯”民间艺术邀请赛，获二等奖。1993年应邀参加中国齐齐哈尔第二届“观鹤节”表演活动。1997年在参加“北京圆明园迎香港百面大鼓庆回归”活动，同年获得天津“南开杯”民间艺术邀请赛特别奖和河北省首届民间艺术特别奖。2001年，获建党八十周年中华鼓舞大赛银奖，同年参加了国际吴桥杂技艺术节开幕式，以及上海旅游节开幕式。2004年、2010年荣获河北省“金鼓王”称号。2008年7月参加河北革命圣地西柏坡迎奥运圣火等演出活动，在奥运会期间3次进京参加奥运会演出活动，受到国内外人士一致好评。2009年4月参加山西洪洞“中远杯”全国鼓王约请赛并获得最佳表演奖。2010年，上海世博局指定常山战鼓作为上海世博会河北活动周参演的节目。

三、慈峪散腊会

石家庄市灵寿县慈峪镇正月十五散腊会，是历史悠久的花灯会。慈峪镇有东南西北四条街，散腊分东南街、西北街两队。每年入冬，两队在地窨子里练武。各街“散腊”有会头，除夕将保管的大小鼓和钹、镲、锣等取出来，分给人们练习敲打。将“吊子”（每幅四条，每条都是一尺多宽、二尺多长的布画，下面还有两条带子，画有历史故事和神话故事等）用绳穿起来，挂在大街中心。每路“吊子”两头吊一对灯笼。在大年初一，准备参加“散腊”的人们，糊灯笼、造工具。正月十四夜是试灯，十五夜是全灯，十六夜是残灯。

正月十四晚上，先要“散小腊”。各街会头带领一班人，敲着锣鼓到各街庙里神像前腊碗里添油。两个会头商议十五“散腊”路线。晚饭后各街“散腊”集合在指定地点，黄昏发腊张灯。由一街到另一街，队伍浩浩荡荡，开头是大鼓，由伞、扇、金瓜、钺斧、“回避”、“肃静”等灯围护，由火把、火流星打场子开路。除了利用火流星维护秩序、打场子外，还可以利用火流星要出二郎担山、狮子滚绣球、张飞大偏马、蝴蝶飞天等花样。在众灯的围护下，花会表演队表演旱船、背高、抬高、转盘、二鬼摔跤、竹马、花篮、二龙戏珠、十不闲、莲花落以及戏曲，形式多样，边走边表演。直到深夜整个街道上还锣鼓喧天，灯火如昼，人流如海。到十七，各街会头便将鼓、钹、铜器家伙、“吊子”、灯笼收拾起来，交明年的新会头，把木头龙王爷送回龙王堂座位上，散腊会便告结束。[④]

驯熊

四、白佛花钹

鼓钹是石家庄一带历史悠久的民间艺术。《正定府志》记载，三国曹魏时，常山各地已鼓钹兴盛。白佛花钹源于东垣大鼓。民国初，白佛村鼓、钹高手云集聚会，成立花钹队。花钹成了当地春节花会中必不可少的节目，久演不衰。花钹队阵容强大，演员达百人，以大鼓、引鼓、锣和水镲为乐器，按节奏、情节，分为4段61番。钹法灵活多变，有"黑狗钻裆""背后捉鸡""小兔挽玉花""五鬼拿柳氏"等数十种，表演时，变化无穷。场内钹光闪烁，场外鼓声大作，镲飞钹舞，鼓伴钹，钹随鼓，激越昂扬，振奋人心。近年来，随着当地经济发展和群众生活水平提高，花钹也得到了新的发展。当地政府大力扶持，文化部门派人挖掘整理，使之更加完善，艺术水平不断提高。不仅参加民间花会而且参加各级政府组织的表演比赛。1990年春节期间参加省会民间花会大赛，获特别奖。1991年春节期间又应北京龙潭庙会邀请，参加北京"龙潭杯"中国民间艺术比赛，荣获优胜奖。

五、藁城战鼓

藁城战鼓是以大鼓、铜锣为伴奏，以大钹为舞具的广场表演艺术。源于祭祀活动，产生于明万历十年（1582年）。庙会举行祭祀活动时要击鼓舞蹈。战鼓是必不可少的表演项目。而春节期间是战鼓表演最活跃时期，各村抽暇练习。除夕夜村村敲大鼓，通宵不停，初一在本村表演，初五之后，村与村之间相邀互访表演，到农历二月二为止。新中国成立后，战鼓成为重大节日庆典活动的重要表演项目，广泛流传。战鼓演出分"走队"和"扎场"两步。走队时通常是会头举旗在前，鼓钹居中，大鼓车压后，在车上站立三人，击鼓者在鼓后，拿大钹者分立左右，边行边击。会头发出指令便停止行进，做扎场表演。[5]

1953年，马庄鼓队参加河北省民间艺术表演赛获锦旗一面。1959年，马庄鼓队又赴京参加国庆十周年庆典活动。1985年全县有鼓会42个。改革开放以来，藁城战鼓在继承传统基础上创新。1989年藁城战鼓队参加吴桥国际杂技节开幕式。1991年在"中国耿村民间故事国际研讨会"上，藁城战鼓令国际友人赞不绝口。1992年春节期间，五界村战鼓队代表藁城战鼓队参加北京"龙潭杯"全国民间艺术大赛，荣获一等优胜奖。1992年9月，在沈阳举行的"第二届中国沈阳国际秧歌节暨全国优秀秧歌民间舞蹈"大赛中，荣获优胜奖，获得编导、组织表演等五项大奖。

动物走钢丝

六、井陉颠杠

颠杠，又叫抬杠。最早产生于庙会祭神时抬祭品的活动，后演变为一种表演艺术。一般是在花会和庙会上表演。过去，雪花山碧霞元君庙会的抬杠表演称“演驾”，表演时要抬上神驾（神像），神架之前还有种种仪仗。赵庄岭火神庙会的抬杠叫抬“皇杠（皇纲）”，要有1000余人参加表演。最前面的仪仗队尽显皇家气派，有数十面彩旗、龙凤大旗、大帅旗、万人伞、龙虎牌、回避牌、肃静牌、金瓜、钺斧、朝天蹬，还有庞大的吹奏乐队。仪仗队后是神驾（火神像），神驾后为杠队，杠队中的“押纲官”，身系串铃、手扬马鞭，装束犹如七品芝麻官，负责查验运送的贡品，还有四名“衙役”跟班护纲。杠队之后是各种“伴驾”文艺节目，诸如拉花、竹马、旱船等数十种。赵庄岭火神庙会的缘起，与“皇纲”有关。据说押运献给皇上贡品的“皇纲”在赵庄岭忽遇天上落下的火球，险些被烧毁。皇上知情后，在赵庄岭赐修火神庙一座，庙成后皇上献贡品敬神。这样世代相传，形成了赵庄岭火神庙会抬“皇纲”表演。

抬杠表演特点，突出“颠”。其道具是杠，一盘杠由杠杆、箱架、箱、箱环、顶旗五部分组成，重量在40公斤左右，木杠杆长度为4米半左右。表演时两人抬一盘杠，有数十盘杠列队表演，最多时达48盘。演员们抬着一盘盘杠边行进边颠动杠箱，让人们欣赏“颠”的艺术，故名“颠杠”。几十盘杠，要同时颠起，同时落下，发出整齐划一的“啪”“啪”的声响，显示出极强的节奏感。庙会的抬杠，在最后“落驾”时，表演出现高潮，旗、锣、伞、扇等围成一大圈，数十盘杠“穿十字”“走连环”“掏剪子股”，队形千变万化。同时，演员各显身手，争相施展各种绝艺，或是两个演员配合默契，杠在左右肩上瞬间交换位置，叫“换杠”；或是两人面对面将杠置于咽喉处，叫“戗杠”；或是杠从肩膀颠至头顶并在头上转圈甚至再颠至另一人头顶，为“顶杠”；或是两人背对背，杠从头顶经过背部逐步颠至臀部，为“搓杠”；或是杠在臀部转圈，称“驼杠”，等等。颠杠以雄浑取胜，几百人乃至上千人参与表演，人数之多，声势之大，令人赞叹。

一辆洋驴五人骑

七、晋州官伞

耍“官伞”是石家庄民间花会别具一格的表演节目，由古代官吏仪仗演变而来。古代官吏仪仗打有罗伞，后渐入民间，人们在庆寿、贺喜时，送上绣有“老寿星”“松鹤图”之类吉祥如意图案的贺伞；发丧时，也送上绣有阴阳富贵等图案的伞，以示祈福驱邪。此种风气，盛行一时，演变为红、白喜事时，人们成群结队，举着象征不同意义的伞，伴以蹦跳，后遂成一种民间艺术。清代出现众多耍官伞的艺班，耍官伞成为城乡民间花会的表演节目，多在元宵节表演。“官伞”舞队由若干舞组构成，每队所含舞组数无定规，舞组人数不等，有二人组、三人组。二人组为一男一女，男执伞，女左手舞绢，右手挥扇。表演时，开场锣鼓响后，会头出场自报“家门”，左手执伞，右手叉腰，提起脚跟，念白叫板：“咱们跳起来了……”这时鼓乐齐奏，几十个舞组开始表演，表演时队形无定。乐器主要是唢呐和打击乐器。

注释

①政协石家庄市委员会编：《石家庄民俗文化》，中国对外翻译出版公司，2000。

②杨俊科等编著：《历史文化名山——封龙山》，中国民间文艺出版社，1989。

③河北省栾城县地方志编纂委员会编：《栾城县志》，中央文献出版社，2010。

④灵寿县地方志编纂委员会编纂：《灵寿县志》，新华出版社，1993。

⑤藁城市地方志编纂委员会编纂：《藁城县志》，中国大百科全书出版社，1994。

吃水不忘挖井人　时刻想念毛主席

结　语

石家庄是全国最年轻的省会城市之一，是一座具有独特发展历程的城市，也是一座历代移民不断涌入的城市。独特的人口与民族结构，成就了独特的民风民俗，也在城市的经济、社会、文化中浸染了风俗的印记。我们试图通过这部书，从多个侧面揭示石家庄风俗的特征和内涵，揭示这座城市人文风俗的历史成因及其演变历程。但由于笔者长期从事历史学研究，对河北地方历史研究多年，所以难免带着历史学的视角，观察当今社会风俗背后久远的文化渊源，探究风俗演变中复杂的社会背景和文化融合的杂陈效应，而忽视了当代经济与外来文化对风俗的影响。因此，这部风俗志虽几经修改，但仍然不能尽如人意。欢迎读者朋友们不吝赐教，以祈对石家庄风俗文化能够进一步深入解析。

参考文献

1.唐赞功等:《中华文明史第三卷(秦汉)》,河北教育出版社,1982。

2.陈正祥:《中国文化地理》,生活·读书·新知三联书店,1983。

3.李吉甫撰:《元和郡县图志》,贺次君点校,中华书局,1983。

4.河北省文物研究所:《藁城台西商代遗址》,文物出版社,1985。

5.石家庄市地方志编委会:《石家庄市志》,中国社会出版社,1985。

6.上海古籍出版社、上海书店:《二十五史》,上海古籍出版社,1986。

7.丁山:《甲骨文所见氏族及其制度》,中华书局,1988。

8.梁勇、杨俊科:《石家庄史志论稿》,河北教育出版社,1988。

9.郑绍宗:《北方考古研究(三)》,中州古籍出版社,1994。

10.河北省文物研究所:《礜墓——战国中山国国王之墓》,文物出版社,1995。

11.苏秉琦:《中国文明起源新探》,商务印书馆(香港)有限公司,1997。

12.政协石家庄市委员会编:《石家庄历史文化精华》,中国对外翻译出版公司,1997。

13.梁思成:《中国建筑史》,百花文艺出版社,1998。

14.梁勇、梁清华:《河北酒文化志》,中国对外翻译出版公司,1998。

15.政协石家庄市委员会编:《石家庄民俗文化》,中国对外翻译出版公司,2000。

16.陈寅恪:《金明馆丛稿二编》,生活·读书·新知三联书店,2001。

17.王智主编:《百年石家庄》,河北教育出版社,2001。

18.石家庄市地方志编纂委员会、石家庄市地方志办公室:《石家庄市志(简本)》,河北人民出版社,2004。

19.孙万勇、梁勇等编:《石家庄通史·古代卷》,河北人民出版社,2010。

20.王智:《石话实说——石家庄市的100个故事》,河北教育出版社,2011。

21.冯金忠:《唐代河北藩镇研究》,科学出版社,2012。

22.王峰、戴建兵编:《滹沱河史料集》,天津古籍出版社,2012。

23.冯金忠、陈瑞清:《河北古代少数民族史》,民族出版社,2013。

24.柳诒徵:《中国文化史》,中华书局,2015。

25.梁勇、王俊梅:《燕赵文化史稿·秦汉卷》,河北教育出版社,2016。

26.梁勇:《中国工匠·河北卷》,河北人民出版社,2017。

27.王利华:《中古华北饮食文化的变迁》,生活·读书·新知三联书店,2018。

28.王智、梁勇主编:《京津冀文化一脉探析》,河北教育出版社,2019。

后 记 1

《中国风俗图志·石家庄卷》一书，付梓出版了。这真是个奇迹，燕赵大地上的事情，齐鲁大地上的泰山出版社给办妥了，感恩之情用此句言表了。

我出生在石家庄，也成长在石家庄，我的父母及我家周围的环境养育和造就了我，我的家就在石家庄的文化中心，离家不足二华里的距离，石家庄的文化单位尽在其中：八一俱乐部、财贸礼堂、职工体育场、地区京剧团、市丝弦剧团、0973部队文工团、师范学校、速成中学、女子中学、中山路小学、七一中学、新华书店、人民公园、地区放映队……要说离家最近的还是中山路体育场，只有50多米的距离。石家庄的重大活动、群众集会、民俗文化活动以及体育比赛等大都在此举行，要龙灯、斗狮子、灯会、敲大鼓、扭秧歌、划旱船、踩高跷、跑驴跑马、要猴要熊、要霸王鞭、二鬼摔跤、爬竿斗幡儿、抬阁……各种民间演出活动络绎不绝，让我目不暇接。

街坊邻居的大院里都住着评剧团和弦剧团的名角，也有武术教练、工匠能手，技艺高超……我天性对未知世界有好奇心，想要去他们的世界里探个究竟，于是钻进了演出剧场的后台看变戏法，看大变活人的魔法奥秘，一场接一场地看杂技，看驯虎驯熊驯马的真人近距离操练，看工匠艺人的拿手绝活……那时候的人们生活简单，吃饭就一个菜，家有两套衣裳，一间屋子半间炕。一人工作，养三五口人也过得去，只要你肯学，他们也实打实地教你，他们真的希望自己的手艺绝活有人继承有人喜欢。工匠们的精神生活是丰富的、充足的、有追求的。就连普通老百姓也变着法地想享受一下精神生活呢。我姨夫是个农村的普通打铁匠，一有钱得了空闲，就隔三岔五地来我家住上几天，城里大池子里泡个澡、刮刮胡子，白天下个馆子烫上二两酒，接连好几个晚上听了评戏听京剧，嗑着瓜子沏壶好茶，摇头晃脑地学唱腔……优哉游哉地过日子。那时周围环境很好，天是蓝色透明的；院里的井水水位很高，水是甜甜的，木桶套上扁担就能提上水来，对着木桶咕咚咕咚喝个饱也不会肚子疼；夏天躺在房顶上铺张席子摇着芭蕉扇，数着银河系里的星星；冬天几场大雪后，不用招呼大家都自觉上房扫雪，大门外倒雪，然后堆雪人，打雪仗……有时遇上检查卫生，小院男女老少齐上阵，又洒水又扫地，不一会儿打扫得干干净净、利利索索，邻居们都相互友好，爱串门子、嗑瓜子、拉家常，你借我棵白菜，我替张大妈、李大婶打趟酱油，你帮忙给我看一下孩子，我为你家奶奶捏捏头治疗一下感冒，这都是小事……

那时民风好，治安也好，没见过街坊吵架生气的，也没听说过谁家丢了东西的。我上了班见识就更广了，知道了石家庄是火车拉来的城市，京广、石德、石太线在此交汇，带来了外埠四面八方的民俗文化，石家庄是个包容的城市。华北药厂上海人多，就跟着上海人学时尚、学做事情精明；纺织厂里天津人多，就跟着天津人学逗哏，学说相声学曲艺，学吃海货，就连在纺织厂子弟学校上学的孩子们，在外一律都讲天津话……民俗是传承的也是发展的，哪有一成不变的道理？要与时俱进嘛。有时赶个大集也能听到近县各乡的生意人在友善地调侃，什么京油子（滑头）、卫（天津）嘴子、保定府的钩腿子（摔跤），什么获鹿（县）棒子（老实）、宁晋（县）猴子（精明）……大家相互传递地方的习俗和土产特色，听了哈哈一乐完事，和气生财，谁还会计较几句带损的风凉话呢？近年来回故乡所见所闻，感慨万千。故乡早已没了儿时记忆的模样，到处大拆大建，眼前高楼林立、车水马龙，人们有的急匆匆忙着挣钱，有的低头看手机点赞傻笑，闲暇的妇人穿着五颜六色的衣裙还披着长长的围巾，生硬地跳着广场舞，年轻人练劈腿跳街舞起哄，无聊的大妈牵着名犬遛狗……时代真的不一样了，吃穿用连超市也懒得进了，全是手机付款叫外卖了，老街老房全被拆了，街坊邻居们不见了，只剩下一个孤零零的街牌：石家庄市同庆街，是东和是西。那四周哪去了呢？全没了，我的精神家园也被毁了。保留下来的几幢旧房屋正"整旧如新"，像为一位满面皱纹的老婆婆贴了张面膜，还装了一口发黄的假牙，让我哭笑不得……回到家里，多少个昼夜我辗转反侧不能入眠，梦中故乡石家庄的旧时记忆像过电影一样浮现在眼前。我有份情怀，有份责任，还有些力量，用我的秃笔花了几年工夫把记忆中忘不掉的旧时习俗画面和市井人物整理出来，献给故乡，献给还想知道父辈们生活旧影的晚辈，也献给良心吧。

卞家华

2019年12月22日于山东烟台金沟寨寓所

后 记2

承蒙泰山出版社盛情相邀，有幸参与《中国风俗图志》系列丛书的编著，深感荣幸。

笔者研究河北地方史30余年，就从石家庄市历史研究入手。20多年间，在石家庄地方志研究方面，先后参与《石家庄风物志》《石家庄市地名志》《石家庄市志》《石家庄通史·古代卷》《石家庄历史文化精华》《石家庄历史文化丛书（六种）》《石家庄市历史名人·古代卷》等图书的撰著和编纂，在石家庄电视台主讲并担任总撰稿编著《石话实说——石家庄的100个故事》《石话实说——石家庄100个村庄印记》，在河北人民广播电台担任总撰稿并主讲《燕赵传奇》500集大型系列广播节目，其中有120多集涉及石家庄的历史及名人故事。

近十年间，笔者应邀参与中央电视台（今中央广播电视总台）纪录频道大型纪录片《滹沱沧桑——石家庄市城市映像志》拍摄，担任史料顾问并作为嘉宾出镜。参与中央电视台纪录频道《古郡传奇正定》《太行古陉》《天下赵州》等大型纪录片撰稿。参与中央电视台纪录片《走遍中国·石家庄》的策划并作为嘉宾出镜。参与凤凰卫视《纵横中国·河北》《纵横中国·石家庄》大型直播节目的策划并作为嘉宾出镜。

参与撰著《中国风俗图志·石家庄卷》，我自以为信心满满，但动笔撰著，才感觉有些茫然。如何把多年的史料及研究成果，在10万字之内写出石家庄的风俗特点，如何在篇章结构上创新，如何运用新史料、新观点、新形式，写出新著述，确实是件颇费心思的创作。严谨、规范相对容易，创新很不易。尤其是风俗文化的创新很难，加之笔者作为“一带一路”研究院特约研究员、河北省文史研究馆馆员、燕赵文化研究会副会长、中山国研究会副会长、河北省旅游发展委员会智库专家，常年游走各地讲学，参与大量规划论证、项目评审，疲于应对。且承担《大运河文化带·河北卷》《中国园林史·河北卷》等重要专著编撰，为尽量写好《中国风俗图志·石家庄卷》，我邀请助手石丽娟、李胜男、李小鹏等同志参与资料整理和撰写、编辑、校对工作。申晓飞、刘正其、赵平等同志也为图片搜集做了大量工作。在该书即将付梓之时，谨向所有参与该书编写、校对、图片整理的同仁表示感谢。

由于时间仓促，编著匆忙，其中内容难免挂一漏万，或者出现一些疏漏，恳望各位读者批评指正。

梁　勇

戊戌年中秋于鉴古斋

作者简介

卞家华 祖籍天津，成长在河北石家庄，现居山东烟台。当代中国漫画家，烟台美术博物馆驻馆艺术家，丰子恺先生私淑弟子，河北省漫画研究会第三届会长，河北少年儿童出版社编审。擅长创作四格儿童题材漫画，作品过去多登载于《儿童漫画》杂志。著有父子系列漫画《老卡和小卡》，儿童题材漫画《哪吒》《男生，女生》，风俗漫画《北京老礼儿》等，为『吾乡』系列新书（包括老舍《人老舍不得》、丰子恺《若爱世界都可爱》、沈从文《我自故乡来》）创作童趣民俗生活漫画。近年来大量创作民俗乡情作品。其多幅漫画作品在国内外大赛获奖，并被中外博物馆收藏。

梁　勇 人文学者，中国海外留学人才发展基金会、『一带一路』研究院特约研究员，河北省人民政府文史研究馆馆员，河北省人民政府参事室特聘研究员，河北师范大学、河北经贸大学、河北科技大学客座教授，元曲文化研究会会长，燕赵文化研究会副会长，中山国文化研究会副会长，河北广播电视台特约评论员，喜马拉雅广播节目签约作者。500集历史文化广播节目《燕赵传奇》总撰稿、主讲人。200集电视文化节目《石话实说》总撰稿、主讲人。长期从事历史、文化、旅游研究，在海内外期刊发表论文数百篇，著有《文化资产价值论》《京津冀挽起一带一路》《京津冀文化一脉探析》《大美雄安》《中国工匠·河北卷》等专著，参与《中国地域文化通览·河北卷》《河北古代园林史纲》等图书撰著。

图书在版编目（CIP）数据

中国风俗图志. 石家庄卷 / 刘晓峰，李北山总主编；卞家华绘；梁勇著. —济南：泰山出版社，2020. 8
ISBN 978-7-5519-0610-4

Ⅰ. ① 中… Ⅱ. ① 刘… ② 李… ③ 卞… ④ 梁… Ⅲ. ① 风俗习惯—石家庄—图集 Ⅳ. ① K892-64

中国版本图书馆CIP数据核字（2020）第022858号

ZHONGGUO FENGSU TUZHI · SHIJIAZHUANG JUAN
中国风俗图志 · 石家庄卷

策　　划 胡　威
绘　　者 卞家华
著　　者 梁　勇
责任编辑 程　强
装帧设计 路渊源

出版发行 泰山出版社
社　　址　济南市泺源大街2号　邮编　250014
电　　话　综　合　部（0531）82023579　82022566
市场营销部（0531）82025510　82020455
网　　址　www.tscbs.com
电子信箱　tscbs@sohu.com
印　　刷 东港股份有限公司
开　　本 890毫米 × 1240毫米　16开
印　　张 15
字　　数 250千字
图　　片 101幅
版　　次 2020年8月第1版
印　　次 2020年8月第1次印刷
标准书号 ISBN 978-7-5519-0610-4
定　　价 106.00元